Josef Griesbeck / Martin Gastinger

Leben feiern – Feiern erleben

Impulse und Ideen
für den Gottesdienst

Herder
Freiburg · Basel · Wien

Umschlagfoto: Gerhardy/present. Foto-present Essen

Gedruckt auf umweltfreundlichem, chlorfrei gebleichtem Papier
Satz: Barbara Herrmann, Freiburg
Belichtung: Johannes Schimann, Ingolstadt
Druck und Bindung: Freiburger Graphische Betriebe 1995
ISBN 3-451-21696-5

Füllt den alten Wein in neue Krüge!

Tief besorgt sitzen sie im zuständigem Gremium beisammen und denken nach, warum sich die Kirchen immer mehr leeren. Und wie immer, beenden sie ihre Sitzung mit dem Vorsatz, mehr auf die Bedürfnisse der Jugend einzugehen und da und dort ein wenig mehr zeitgemäßere Formen anzusteuern. Dann müssen alle wieder ihres Weges gehen. Die Vorsätze werden mit auf den Weg genommen. Aber wer weiß davon noch nach einigen Wochen? Und wer ahnt, daß zwischenzeitlich dafür gesorgt wurde, daß an den Traditionen und Gewohnheiten nicht gerührt wird?

Mit nur einer anderen Predigtausrichtung oder einer Singgruppe mit neuem geistlichem Liedgut werden die Grundbedürfnisse und Sehnsüchte heutiger Christen nicht getroffen.

In vielen Bereichen kirchlicher und pastoraler Praxis ist weitgehend eine Welt entstanden, die in ihrer sprachlichen Ausrichtung und liturgischen Form die Lebensrealität heutiger Menschen nicht mehr oder nur mehr teilweise erreicht. Nicht wenige Inhalte sind in schwer zugänglichen Riten und Gebetsformen erstarrt und in den zumeist lustlos empfundenen Arbeitsgremien und eingefahrenen Ordnungen findet der Mensch und Christ nur wenig die Spiritualität für ein Leben mit Gott und der Gemeinde.

Nehmen wir als Beispiel einen Jugendgottesdienst, der in einem größeren Ort regelmäßig stattfindet. Selbstverständlich agieren dort junge Leute mit Querflöte und Schlagzeug. Natürlich werden gute Texte hergeholt oder geschrieben und auch ein Vorbereitungsteam gibt es. Doch es entsteht der Eindruck, daß man den anwesenden jungen und auch älteren Leuten diese „Spielwiese“ nur zugesteht, damit sie nicht weiterfragen und weiterdrängen. Wenn es nämlich um die Umsetzung elementarer Vorgänge bzw. um die christliche Substanz geht, werden Christen von den Oberliturgen ausgegrenzt – zumeist ohne daß dies auch immer so eingestanden wird. Zum Beispiel: Ganz feierlich kommunizieren auf dem erhöhten Presbyterium Vorsteher, KommunionausteilerInnen und Ministranten unter beiderlei Gestalten. Die anderen zweihundert Mitchristen sitzen andächtig „unten“ und „sehen“ eine echte Kommunio. Es folgen einige Sekunden in verharrender Stille. Dann gibt der Vorsteher der Ge-

meinde dem Singkreis ein Zeichen und diese setzen ihre Instrumente in Bewegung. Man hat den Eindruck: ach ja, das wars jetzt. Jemand geht dann zum Tabernakel und holt von dort zwei Kelche, die vor einer Woche hineingestellt wurden ...
Hernach beim Frühschoppen regen sich einige wegen einer Kabarettnummer auf, bei der das Wort „Oblatenfrühschoppen" vorkommt. Wir müssen uns fragen: Hätten die Kabarettleute diese Nummer auch so gemacht, wenn sie einmal miterlebt hätten, wie echtes Brot gebrochen und geteilt und ebenso der freudespendende Wein gereicht wird – gemäß dem Auftrag Jesu?
Die Frage, warum junge Leute lieber zu den Sekten gehen, wird nicht nur gestellt, sondern meistens auch richtig beantwortet. Aber die Umsetzung von dem, was eingesehen wird, scheitert seit Jahrzehnten.
Es war nicht immer so in unserer Kirche! Nicht nur in den Anfängen der Christengemeinden wurde das Vermächtnis Christi konkret und dem Geiste Jesu nach umgesetzt. Vieles davon hat sich seitdem verselbständigt, ist verkrustet oder wurde sogar sinnentstellt.
Früher versammelten sich die Christen um den Tisch und feierten gemeinsam Gottesdienst; heute stehen sie am hinteren Eingang, sitzen verstreut im Kirchenraum und schicken stellvertretend bevorzugt Kinder nach vorne für das, was alle einbringen und gestalten sollten.
Früher haben die Christen gregorianischen Choral gesungen und Fastenopfer gebracht. Der gregorianische Choral hat inzwischen in der Rockmusik Eingang gefunden und das Heilfasten ist zur wichtigen Gesundheitsaufgabe von Leuten geworden, die auf ihr Leben schauen.
Wir haben zu den Prozessionen ein sehr gemischtes Verhältnis, obwohl wir um die Prozession beim Einzug Jesu in Jerusalem wissen. Die Prozessionen haben heute Faschingsgesellschaften und Volkswandertage übernommen.
Einmal haben die Kirchen führende Rollen in wichtigen Lebensbereichen wie Schreibkunst, Sozialwesen, Pflanzenzüchtung und Bildung eingenommen. Heute bilden die Kirchen das Schlußlicht in den lebenswichtigen Ausrichtungen wie Ökologie, Moral, Friedensbewegung und Kultur.
Die schwarze Kleidung der Kleriker haben inzwischen Künstler und Gruftis übernommen; der Weihrauch wurde durch Räucherstäbchen ersetzt; die Engelsvisionen sind von der Esoterik und der Filmbran-

che übernommen worden. Anstatt genau hinzusehen, wie Jesus Engel gesehen und wie er mit dieser Erscheinung umgegangen ist, haben wir die (Barock-) Engel aus den Kirchen entfernt und durch nichts ersetzt. Das Brot und den Wein, die „Lebensmittel", in denen Jesus sich leibhaftig vermitteln will, haben wir auf die Oblatenform reduziert und wir suchen in Feinschmecker-Restaurants eine banale Abfindung.
Nicht einfach „Altes" wegwerfen, denn hinter dem „Alten" verbirgt sich meist das Gute und Richtige; und die Kirche trägt wirklich viel Wertvolles in sich! Besser ist es, das Ursächliche so einzubringen, daß es ins Heute paßt und dem Menschen entspricht. Dazu soll man weniger nach der Kirchengeschichte und dem Kirchenrecht fragen, sondern nach dem Leben Jesu und den ersten Jüngergemeinden. Das Alte ist zumeist gut! Auch ein alter Wein! Dieser alte Wein ist zu wertvoll, um in alte brüchige Krüge gefüllt zu werden.

Füllt den alten Wein in neue Krüge!

Josef Griesbeck / Martin Gastinger

Hinweis:

Die in diesem Buch vorgeschlagenen Lieder sind den hier angegebenen Liedsammlungen entnommen; die Fundstelle ist jeweils durch das Kürzel (in Klammer) bezeichnet:

„Mein Liederbuch", Peter Janssens, Pattloch Verlag, München 1992 (J)

„Mein Kanonbuch", tvd-Verlag, Düsseldorf 1986 (K)

„Troubadur für Gott", Kolping-Bildungswerk, Würzburg (T)

„Wellenbrechner", Deutscher Katechetenverein, München (W)

Diese und andere Lieder aus dem Bereich „Neues Geistliches Lied" können auch durch eine Datenbank ausfindig gemacht werden. Sie ist zu bestellen bei: Jugendhaus Düsseldorf e.V., Postfach 32 05 20, 40420 Düsseldorf, Stichwort „Datenbank NGL".

Inhalt

I. Zeiten im Jahr

II. Feier des Lebens

III. Was der Mensch braucht

I

Zeiten im Jahr

Familiensonntag

Kind, wie kannst du uns das antun?

Ausrichtung:	Wortgottesdienst in der Gemeinde
Einsatz:	Familiensonntag, Hausgemeinde
Zugang:	Dem alttestamentlichen Gebot: „Du sollst Vater und Mutter ehren" hat Jesus deutliche Weisungen hinzugefügt, wie Eltern auf ihre Kinder achten sollen (z. B. im Gleichnis vom verlorenen Sohn, Lk. 15.11 ff). Am Verhalten des Zwölfjährigen im Tempel (Lk. 2.11 ff) wird uns eine konfliktfähige Heilige Familie aufgezeigt.

---

1. Einstieg

- Begrüßung
- Gedanken und Zugang zum Thema
- Geschichte: Der Dattelesser

Der Dattelesser

Eine Frau kam mit ihrem kleinen Sohn zu dem weisen Ali. „Meister", sprach sie, „mein Sohn ist von einem widerwärtigen Übel befallen. Er ißt Datteln von morgens bis abends. Wenn ich ihm keine Datteln gebe, schreit er, daß man es bis in den siebenten Himmel hört. Was soll ich tun, bitte hilf mir!" Der weise Ali schaute das Kind freundlich an und sagte: „Gute Frau, geh nach Hause und kommt morgen zur gleichen Zeit wieder!" Am nächsten Tag stand die Frau mit ihrem Sohn wieder vor Ali. Der Große Meister setzte den Jungen auf seinen Schoß, redete freundlich zu ihm, nahm ihm schließlich die Dattel aus der Hand und sagte: „Mein Sohn, erinnere dich der Mäßigkeit. Es gibt auch andere Dinge, die gut schmecken!" Mit diesen Worten entließ er Mutter und Kind. Etwas verwundert fragte die Frau: „Großer Meister, warum hast du das nicht schon gestern gesagt, warum mußten wir den langen Weg zu dir nocheinmal machen?“ „Gute Frau, antwortete da Ali, „gestern hätte ich deinem Sohn nicht überzeugend sagen können, was ich ihm heute sagte, denn gestern hatte ich selber die Süße der Datteln genossen.“

gefunden in: Dr. med. Nossrat Peseschkian, Der Kaufmann und der Papagei, Fischer-Taschenbuch, Frankfurt 1979

2. Textstelle aus Lukas, 2. 41–52

„Der Zwölfjährige im Tempel“

3. Statements

a) Ein Erwachsener/Elternteil

Ich habe zwei heranwachsende Kinder. Sicher können alle hier anwesende Eltern auch viele Geschichten und Erfahrungen berichten, die dem ähnlich sind, was wir gerade von diesem flügge gewordenen Jesus gehört haben.
Ich versetze mich einmal in diese Situation: Unser Kind ist schon seit Stunden verschwunden. Ohne eine Nachricht zu hinterlassen und ohne anzurufen. Wir suchen alles im Haus und der Nachbarschaft ab. Wir telefonieren überall dort an, wo das Kind sein könnte. Nichts, wir finden das Kind nicht. Es wird schon dunkel, wir warten und in jeder Minute wird unsere Angst größer. Sollten wir schon jetzt die Polizei anrufen? Aber wenn alles sich als ganz harmlose Sache herausstellt? Da kommen auch Wut und Zorn auf: Es geht ja nicht darum, daß man jeden Schritt eines Kindes kontrollieren will und muß; alle Welt würde uns der Verantwortungslosigkeit bezichtigen, wenn etwas Schlimmes wäre. Ich kann auch Maria und Josef nicht verstehen, daß sie einen ganzen Tag lang sorglos ohne ihren Sohn in Richtung Heimat gehen. Ich kann mir schon vorstellen, daß ich mich in dieser Situation über Gebühr aufregen würde. So ganz ohne Konsequenzen würde ich das meinem Kind nicht durchgehen lassen!

b) Ein Jugendlicher

Zieh auch einen warmen Pulli an – Vergiß nicht anzurufen – Komm nicht zu spät nach Hause – Hast du auch genügend Geld dabei – Ich muß schon sagen, dieser Zwölfjährige Jesus hat offensichtlich eine andere Erziehung genossen. Wenn ich mir vorstelle, ein heutiges Kids um die zwölf würde sich, anstatt dauernd von seinen Eltern antörnen lassen, genau das tun, was besonders er für richtig hält.
Gut, ich bin auch dafür, daß man mit seinen Eltern eine gute Verständigung herbeiführt und nicht unnötigen Ärger aufmacht. Auch wenn manche junge Leute ganz gut mit ihren Eltern auskommen, sie können trotzdem alle so olle Nummern auftischen, mit denen sie gegängelt werden oder wurden. Die Erwachsenen nennen das Erziehung und vergessen oft dabei, daß ein heranwachsender Mensch starke Flügel mitbekommen soll, aber nicht den Flugplan; er braucht Beispiel und Liebe und dafür weniger Vorschriften. Mir gefällt das Verhalten von Jesus. Mir gefällt aber auch, daß er ganz lieb zu seinen Eltern war, nachdem ihm bewußt wurde, welche Ängste wegen ihm ausgestanden werden mußten. Mir gefällt aber auch, daß der großgewordene Jesus bei der Hochzeit zu Kana seine Mutter zurückweist, als sie ihm Handlungsanweisungen geben will; (Joh. 2 ff) obwohl er letztendlich doch das tut, was seine Mutter will. Und als seine Mutter einmal vor dem Haus stand und mit ihm sprechen will, läßt er sie nicht herein. (Mt. 12.46ff) Ganz schön cool von diesem Jesus, muß ich sagen. Wenn ich das heutzutage machen würde, gäbe es einen ausgemachten Hauskrach.

4. Fürbitten Familiensonntag

Ein Drittel aller Eltern und mehr als die Hälfte der alleinerziehenden Mütter und Väter geben an, mit der Erziehung ihres Kindes oder der Kinder völlig überfordert zu sein. Wahrscheinlich waren auch Maria und Josef mit der Kindererziehung wenigstens zwischendurch überfordert. – Ich entzünde diese Kerze für alle Eltern, die mit ihren Kindern überfordert sind und bitte das heilige Ehepaar Maria und Josef, den heutigen Eltern Kraft und Weisheit zu geben.

Mindestens 1400 Kindsmißhandlungen und mindestens 10000 sexuelle Mißhandlungen von Kindern und Jugendlichen werden pro Jahr polizeilich registriert und die Dunkelziffer ist erheblich. – Ich entzünde eine Kerze für alle Säuglinge und Kleinkinder, für alle Kinder und Jugendlichen, die der Gewalt der großen Leute ausgesetzt sind.

Nach wie vor werden bei uns die Söhne gegenüber den Töchtern bevorzugt, besonders in Bezug auf Ausbidlungsförderung und Berufschancen. Aber auch in vielen anderen Bereichen werden Mädchen und Frauen benachteiligt. Angefangen, daß in den Gemeinden großenteils Männer die Kirchenpolitik bestimmen bis zu schlechterem Verdienst vieler Frauen bei gleicher Arbeitsleistung.
– Ich entzünde eine Kerze für alle benachteiligten Mädchen und Frauen unserer Gesellschaft.

Die letzte Kerze möchte ich für jene Mütter und Väter entzünden, deren Kinder falsche Wege gehen: für alle alkohol- und drogenabhängigen Kinder und Jugendliche, für gewalt- und kriminell ausgerichtete Kinder und Jugendliche und für alle Kinder, denen kein anderer Weg mehr bleibt als die Heimerziehung.

5. Geschwisterliches VATER UNSER

Dazu stehen alle auf. Alle sollen sich um Nachbarn umschauen und darauf achten, daß immer ein junger Mensch neben einem erwachsenen steht. Wir fassen zum Kreis durch und beten so das Gebet aller Christen.

Palmsonntag

Der Siegeszug auf einem Esel

Ausrichtung:	Prozession
Einsatz:	am Palmsonntag
Zugang:	Das Geschehen vor Ostern wird in vielen christlich geprägten Ländern der Erde zumeist in dramatischer Weise begangen. In Südamerika beispielsweise sind Palmprozessionen und gespielte Kreuzigungsszenen populär. Bei uns ist die einst prächtige Palmprozession weitgehend verkümmert. Die Erinnerung an den Einzug Jesu in das „Neue Jerusalem" stellt die Christen an den Anfang des Weges, den Jesus bewußt gesucht hat und gegangen ist. Er hat damit ein Zeichen gesetzt und mit diesem Maßstab sollten wir die Karwoche beginnen.

Die Vollwert-Gemeinde

Vollwert heißt, den vollen Wert einer Frucht zu nehmen; mit allen Vitaminen und lebenswichtigen Stoffen! Nicht nur entleerte Extrakte konsumieren, sondern hinter einer Sache ganz stehen.
Der Einzug Jesu in Jerusalem hat deutlich gemacht, wo die Menschen stehen: Es gab die Hosianna-Rufer am Weg, es gab die Mitmarschierer, die kritschen Beobachter und die Gegner. Es zeigte sich, wer vollwertig hinter Jesus steht.

Wir hören nun den Bericht vom Einzug Jesu in Jerusalem. Diesen Bericht kann man sich anhören und mehr oder weniger über sich ergehen lassen. Man kann aber auch noch etwas Zusätzliches tun. Wer das nachvollziehen kann und will, ist dazu herzlich eingeladen: Bei der Lesung oder danach kann man für sich festlegen, welcher Gruppe man wahrscheinlich angehört hätte (die vier Gruppen von oben noch einmal vorstellen).

Ich mache deutlich: Bei jenen gewesen zu sein, die zu Jesus gehalten haben, wäre einem Todesurteil gleichgekommen. Nach Auffassung der Oberen mußten dieser Aufrührer und seine Anhänger vernichtet werden.
Wären wir voll dabei gewesen? Vollwertig wenigstens dem Willen nach. Denn zwischen Wollen und Durchhalten ist noch ein großer Unterschied. Dieses Beispiel hat uns die Männerwelt um Jesus geliefert. Als es Ernst wurde, liefen sie alle davon.

Wir hören den Bericht vom Einzug Jesu in Jerusalem

(freie Übersetzung)

Jerusalem war nicht irgendeine Stadt. Das ist sie auch heute noch nicht. Jerusalem ist mehr als nur eine Hauptstadt und ein Ort, an dem mehrere Religionen ihren Ursprung haben.
Für Jesus waren die Bedeutung und die Konsequenz klar, wenn er am Ende seines dreijährigen Wirkens und grundlegenden Auseinandersetzungen mit den Oberen des Landes provokativ in den Sitz genau dieser Leute einzieht, die ihn beiseite schaffen wollen.
Er läßt sich eine Eselin holen. Kein Pferd, wie es für Feldherren und Könige üblich war. Eine Eselin, mit der man keine Feld- und Siegeszüge machen kann; Einen weiblichen Esel, der dem männlich geprägten Führungsclan eine Richtung geben soll.
Wer will sich diesem Einzug Jesu anschließen? Ein Triumphzug herkömmlicher Art wird es nicht! Und mit Trompeten und Festtanz wird man auch nicht empfangen!
Da gibt es die am Weg stehenden Massen. Sie haben diesen heilbringenden Jesus schon öfter erlebt und ahnen, daß er ihre Sehnsüchte erfüllen kann. Sie legen ihre Kleider auf den Boden und reißen Zweige von den Bäumen, um diesen „König ihrer tiefen Wünsche" zuzujubeln: Gesegnet sei das Reich unseres Vaters David, das nun kommt. Er bringt Frieden, auf einer Eselin reitet er.

Auch jene waren dabei, die nicht nur gerufen und gejubelt haben, sondern den Weg im ganzen Sinn mitgegangen sind. Es waren Frauen und Männer, die erfahren haben, daß dies der wahre Messias ist, der die Menschen ganzheitlichem Heil zuführt.

Da riefen einige Pharisäer aus der Menge: Meister, bringe deine Jünger zum Schweigen! Er erwiderte: Ich sage euch: Wenn sie schweigen, werden die Steine schreien.

Die Gegner waren wahrscheinlich als Beobachter unter dem Menge. Ganz sicher warteten sie aber in der Zentrale, um endgültig zu sehen, was dieser selbsternannte „Heiland" vorhat.

Als er ganz nahe der Stadt war, blieb er stehen, weinte und sagte über sie: Wenn doch auch du an diesem Tag erkannt hättest, was dir Frieden bringt. Dann ging er in den Tempel und begann die Händler hinauszutreiben aus dem Hause Gottes.

Als er in Jerusalem einzog, geriet die ganze Stadt in Aufregung.

Wo stehst du?

Das ist nicht nur eine Geschichte, die sich vor zweitausend Jahren zugetragen hat. Auch heute könnte das so laufen. Auch heute gibt es jene, die nur einer Fahne oder einer Volksmeinung nachlaufen und jene, die gegen menschenunwürdige Lösungen stimmen und die Erlösung in Gott suchen.
Wo wäre ich damals gestanden? Wo würde ich heute stehen, wenn es darum ginge, den Marsch der Gerechtigkeit und Wahrheit, den Marsch des Friedens und auf der Suche nach dem Reich Gottes zu gehen?

Die Prozession

Viel zu viel hören wir nur. Es wird uns erzählt und erklärt. Und viel zu wenig vollziehen wir das mit oder nach, was uns wichtig ist. Deshalb sind alle nun eingeladen, an der Prozession teilzunehmen, die an den Einzug Jesu in Jerusalem erinnert.

Möglichkeiten:
Eine Wegstrecke gehen. Dabei Palmbuschen oder grünende Zweige mitführen. Wenn es möglich ist, wird ein Esel mitgeführt. Er soll uns daran erinnern, daß Jesus mit einem Tier des einfachen Volkes den Einzug in die Stadt vornahm, die seine Geschichte vollendet hat.

Die Fackelträger können dabei „Begleitschutz" sein.
Symbolhaft können einige Tücher an bestimmten Stellen ausgebreitet werden.
Alle tragen grünende Zweige oder Palmbuschen mit.

Eine Prozession mit Palmzweigen ist auch innerhalb der Kirche möglich: Die Prozessionsspitze beginnt an der ersten Kreuzwegstation der Kirchenwand.
Während der Prozession wird der Bericht vom Einzug Jesu gelesen.
Oder:
Eine Schola singt dabei die Verse:
Sacharja 9, 9–10, Psalm 122

Nicht nur für Familien mit Kindern:
Es könnte auch der Versuch gemacht werden, eine Palmprozession am Beispiel vom Einzug Jesu in Jerusalem nachzuspielen: Wer mag am Weg zujubeln? Wer mag mit Jesus den Weg gehen? Wer mag Kleider ausbreiten? Wer mag abseits stehen? Wer mag die Stadt Jerusalem darstellen, über die Jesus klagt?
Auf dem Weg werden Pausen gemacht und es wird abschnittweise die Geschichte vom Einzug Jesu in Jerusalem erzählt.
Wir bilden eine „Menschenkette": vom Innern des Kirchenraumes aus, über das Mahnmal vor der Kirche und einem belebten Platz bis zum „Auferstehungskreuz" im Friedhof. (oder ähnlich)
Vom ersten bis zum zweiten Glockenschlag (ca. 3 Minuten) verharren wir in Stille. Oder: Der Gemeindechor singt (mit Lautsprecher) entsprechende Lieder.

Abschluß

Aus den Dörfern und Städten sind wir unterwegs zu dir.
Mit den leidenden Brüdern sind wir unterwegs zu dir.
Mit den lachenden Kindern sind wir unterwegs zu dir.
Als Bauleute des Friedens sind wir unterwegs zu dir.
Als Boten der Gerechtigkeit sind wir unterwegs zu dir.
Als Zeugen deiner Liebe sind wir unterwegs zu dir.
Wenn wir das Brot teilen, sind wir unterwegs zu dir.
Wenn wir die Schwachen stützen, sind wir unterwegs zu dir.
Wenn wir für die Verfolger beten, sind wir unterwegs zu dir.
Wenn wir das Heilige Opfer feiern, bist du bei deinem Volk.
Kirchenlied aus Lateinamerika

Oder gemeinsames Gebet:

Ich will gehen den Weg wie Jesus,
nicht verborgene Wege im Land.
Ich will mit ihm einziehen in das neue Jerusalem.
Wie er nehme ich die Straße des Volkes,
geschmückt mit Zweigen und Blumen.
Rote Teppiche seien mir fern,
doch lege ich die Kleider meines Alltags aus.
Ein Triumpfzug soll es sein,
aber nicht mit der Gier irdischer Herrscher.
Auf einem Arme-Leute-Tier sitzt unser König,
Sohn Davids,
Sohn des ewigen Vaters.
In die Tore des neuen Jerusalems ziehe ich mit ein.
Jauchze, Tochter Zion,
dein König kommt zu dir.
Von Ferne höre ich die Kreuzigungsrufe,
die mein Hosianna übertönen.
Heute noch werde ich mit dir das Fest
des einfachen Volkes feiern,
das Fest der Befreiung aus Tod und Gewalt.
Ich will gehen den Weg wie Jesus,
in der Gewißheit kommenden Heils,
denn er ist gerecht und treu
und nennt mich Schwester und Bruder.

Kreuzwege

Krankheit, Leiden und das Kreuz

Ausrichtung:	Kreuzweg
Einsatz:	Stationenweg in der Karwoche
Zugang:	Jesus ging den Kreuzweg. Viele Menschen müssen auch kleine oder große Kreuzwege gehen. Besonders in der Karwoche kommt der Kreuzweg ins Bewußtsein der Christen. Den Kreuzweg Jesu und besondere steinige Wege von Menschen kann man nachvollziehen: nachdenkend, betend und kreuztragend.

Nehmt euer Kreuz auf euch

Große und kleine Leute werden dazu eingeladen und gebeten, das Kreuz aus ihren Wohnungen mitzunehmen. Kreuze sind oft genug nur Schmuckstücke und werden zuwenig „in die Hand genommen". Wir versammeln uns im Kirchenraum zu einer ersten Station.

Der Kreuzweg

1. Station: Jesus wird zum Tod am Kreuz verurteilt

Vorgestern erfuhr eine 35jährige Frau ihr Todesurteil: Krebsgeschwüre im vorgeschrittenen Stadium. So fassungslos wie ihre Familie und alle Bekannten reagierten, so fassungslos waren sicher auch die Jüngerinnen und Jünger Jesu, als sie erfuhren, daß dieser hoffnungsbringende Jesus an ein Kreuz genagelt sterben sollte.

Und Gott läßt das zu. Er läßt es zu, daß eine Mutter kleine Kinder zurücklassen muß; er läßt es zu, daß sein menschgewordener Sohn hingerichtet wird. Dabei sagen die Leute immer, er sei allmächtig. Vielleicht ist er gar nicht allmächtig in unserem Verständnis. Vielleicht haben wir ihn nur zu einem Gott gemacht, so wie wir ihn haben möchten. Vielleicht besteht seine ganze Macht nur aus unendlich großer Liebe, die von Menschen nicht ausgehalten und ertragen wird und zur Gewalt provoziert.

Du unser Bruder Jesus. Du hast nicht zugelassen, daß Petrus dich vor dem Tode schützt. Du hast das Kreuz genommen, weil du uns Menschen zeigen wolltest, daß jedes Kreuz und jedes Leid zur Auferstehung führt. Stärke uns mit deiner göttlichen Kraft, wenn wir bei kleinen und großen Leiden klagen und aufgeben wollen.

2. Station: Daniederliegen

Wir gehen den Weg aus der Kirche zu einem Krankenhaus. Alle nehmen ihre Hauskreuze mit zur zweiten Station.

Immer wenn wir daniederliegen, wenn wir uns matt und krank auf die Horizontale begeben müssen, dann erst wird uns bewußt, was Gesundsein und menschliche Kraft bedeuten. Wir alle wissen, daß wir anfällig sind, gebrechllich werden und die Gesundheit nicht gepachtet haben.
Hier vor dem Krankenhaus denken wir an alle kranken und leidenden Menschen. Wir denken an alle Menschen in unserer Gemeinde, die schon lange Zeit krank und auf Mitmenschen angewiesen sind. Wir denken hier auch an alle helfenden Kräfte, die zur Gesundung der Menschen beitragen, oft mit Überstunden und Nachtdienst, mit dem Einsatz der ganzen Kraft und nicht selten mit Überforderung.

Auf deinem Kreuzweg, Herr, konnte dir niemand wirklich helfen. Sorgende Menschen wollten dich auf dem Weg trösten und jemand half dir das Kreuz tragen. Doch den Leidensweg mußtest du alleine gehen und die ganze Last des Menschseins hat dich auf die Horizontale gelegt; im Kreuztragen wurde deine aufrechte Haltung mit schwerer Menschenlast gebeugt.
In diesem deinem selbst gewollten Kreuzweg liegt unsere Hoffnung: Du hast nicht nur die Fußkranken und Infizierten geheilt, du

gibst damit auch allem Leiden einen Sinn, der über das Menschliche hinausgeht. Wir bitten dich, sei mit deinem gesundmachendem Geist und deiner menschenfreundlichen Heilsbotschaft bei den Kranken und allen, die sich nach ganzheitlichem Heil und Glück sehnen. Amen

3. Station: Jesus wird ans Kreuz genagelt

Mit unseren Kreuzen gehen wir zu einer Straßen-Kreuzung.

An dieser Straßenkreuzung gab es im letztem Jahr 11 Unfälle. Zwei schwere und einer mit tötlichem Ausgang. An dieser Kreuzung will jeder Mensch in eine von ihm gewollte Richtung steuern und diese Kreuzung – wie viele andere Kreuzungen im Leben – geben Richtung und führen zum Ziel. Aber Kreuzungen durchkreuzen auch oft das, was man selbst will. Andere Absichten und Pläne treffen mit den unseren zusammen.
Hier an dieser Kreuzung denken wir auch an das Kreuz, das unser Heil ausmacht. Weil die Linie von oben sich mit dem erdgeplagten Horizontalen kreuzt, gibt es eine Mitte, gibt es einen Treffpunkt zwischen Gott und Mensch.

Man hat dich auf das Kreuz gelegt, Gottessohn. Deine Menschengestalt wurde einer Kreuzesform angenagelt, brutal und im Gefühl der Todesnähe. Wir erschaudern vor dieser Grausamkeit, und doch wissen wir, daß du mit deinen in kreuzesform ausgebreiteten Armen bereit bist, uns alle in einer menschenübergreifenden Liebe aufzunehmen.

4. Station: Jesus wird in das Grab gelegt

Wir gehen schweigend von der Kreuzung zum Friedhof. Mit unseren Kreuzen gehen wir zur letzten Station des Kreuzweges: Der Tod.

Hier liegen viele Menschen, die fest daran glaubten, daß der Tod nicht das Ende ist. Hier liegen Menschen begraben, die in ihrem Leben versucht haben, mehr aus den gegebenen Talenten zu machen und auch jene, denen das nicht so geglückt ist. Sie alle ha-

ben sich nach dem Paradies und den Frieden gesehnt, den die Welt nicht geben kann.
Wir haben uns hier im Friedhof versammelt und denken daran, daß man Jesus nach dem Kreuzestod in eine Felsenkammer gelegt hat.

Aus Matthäus 27. 57–61:
Gegen Abend kam ein reicher Mann aus Arimathäa namens Josef; auch er war ein Jünger Jesu. Er ging zu Pilatus und bat um den Leichnam Jesu. Da befahl Pilatus, ihm den Leichnam zu überlassen. Josef nahm ihn und hüllte ihn in ein reines Leinentuch. Dann legte er ihn in ein neues Grab, das er für sich selbst in einen Felsen hatte hauen lassen. Er wälzte einen großen Stein vor den Eingang des Grabes und ging weg. Auch Maria aus Magdala und die andere Maria waren dort, sie saßen dem Grab gegenüber.

Du unser Bruder Jesus bist in den Tod gegangen. Den Tod, den wir, alle Menschen, gehen müssen. Du hast dich als Sohn Gottes sogar im Tod mit uns gleichgestellt und hast uns durch deinen Kreuz-Weg und deinen Tod gezeigt, daß es Leben über den Tod hinaus gibt. Mit dieser Hoffnung sind wir mit dir verbunden; sind hineingenommen in das Leiden der Welt und in die Auferstehung mit dir.
Amen.

Abschluß

Mit den Kreuzen gehen wir in den Kirchenraum zurück. Dort verharren wir eine zeitlang in Stille, – die Kreuze vor uns haltend.
Oder: Wir stellen uns in Kreuzesform auf und verharren so in Stille.
Oder: Wir machen das ganzheitliche Kreuz:
- beide Hände ausgebreitet nach oben: „Im Namen Gottes, der uns ins Leben gerufen hat“
- mit beiden Händen den Boden berühren: „Im Namen seines Sohnes, der auf die Erde kam und uns erlöst hat“
- beide Hände ausbreiten und in dieser Kreuzesform den anderen im Kreis die Hände reichen: „Im Namen des Geistes, der uns alle verbindet“

Lied: Ich möcht, daß einer mit mir geht (T)

Gründonnerstag

Die Liebe nicht eingrenzen

Ausrichtung:	Fußwaschung
Einsatz:	Gründonnerstag-Feier
Zugang:	Wir können uns nicht vorstellen, daß ein Ausbildungsleiter dem AZUBI das Werkzeug reinigt; daß der oder die MinisterIn einem oder einer Angestellten den Kaffee bringt. Selbst nach dreijähriger Gefolgschaft können die Apostel es nicht fassen, daß ihr „Meister“ ihnen die Füße wäscht. Das ist auch heute noch für Christen eine Herausforderung. Am Gründonnerstag praktizieren wir das als Beispiel, wie Christen miteinander umgehen sollen.

---

1. Geschichte

Wann endet der Tag

Ein jüdischer Weiser fragt seine Schüler: „Wie kann man den Augenblick bestimmen, wo die Nacht zu Ende ist und der Tag anbricht?“ Der erste Schüler fragt: „Ist es, wenn man in der Ferne einen Feigenbaum von einer Palme unterscheiden kann?“ Der Rabbi antwortet: „Nein, das ist es nicht.“ Der zweite Schüler meint: „Wenn man ein Schaf von einer Ziege unterscheiden kann, dann wechselt die Nacht zum Tag.“ – „Auch das ist es nicht“, ist die Antwort des Weisen. „Aber wann ist denn der Augenblick gekommen?“ fragen die Schüler. Der Rabbi antwortet: „Wenn du in das Gesicht eines Menschen schaust und darin den Bruder oder die Schwester erkennst, dann ist die Nacht zu Ende, dann bricht der Tag an.“

Quelle: Martin Buber, Die Erzählungen des Chassidim, Manesse-Verlag, Zürich; hier erweiterte Erzählung

2. Wem werden die Füße gewaschen?

Der jüdischen Tradition gemäß waren die Schüler eines Meisters verpflichtet, dem „Oberen“ oder dem „Lehrmeister“ die Füße zu waschen. Jesus setzte ein anderes Zeichen und zugleich noch etwas anderes dazu: Zum Gründonnerstag gehört sowohl der Bericht der Fußwaschung als auch der Bericht vom Abendmahl. Er gibt sich hin, als Mensch durch das dienende Zeichen der Fußwaschung; und als Sohn Gottes, der „seinen Leib hingibt“.
In der kirchlichen Tradition war es vielleicht allzu verständlich, daß man sich darauf geeinigt hat, den Ältesten der Gemeinde diese Fußwaschung angedeihen zu lassen, um dem Gerankel des Andrangs aus dem Wege zu gehen. Daß nur Männer genommen wurden, ist eine andere Sache und hat etwas mit der frauenabwertenden Gesinnung der „Männerkirche“ zu tun.
Als Kind dachte ich mir immer, warum nur alte Leute? Aber in meiner Zeit habe ich auch gelernt und mußte spüren, daß die „Alten“ geachteter sind als Kinder und erst viel später lernte ich den Jesus kennen, der die Liebe nicht eingrenzt.

3. Das Suchen von „FußwaschungsapostelInnen“

Hier ist der Liturgieausschuß der Gemeinde gefragt. Es soll die Auseinandersetzung durchstehen über das, was uns durch die Evangelisten dazu berichtet wird. Um dem Zeichen des (gegenseitigen) Dienens gerecht zu werden, wird man wahrscheinlich nicht umhinkommen, auch Traditionen aufzugeben.
Möglichkeiten: (auch in den Jahren abwechselnd)
- Ausländer. In jedem Ort gibt es Fremde. Hier soll auch deutlich werden, daß Jesus auf alle Menschen zuging und universal dachte. Die Kirche darf nicht eng auf ihre Gemeindegrenzen, und schon gar nicht auf nationale Grenzen schauen. Sind Ausländer anderer Konfessionen dabei, sollen intensive Gespräche geführt werden, insbesondere, ob sie diese christliche Geste akzeptieren und kennenlernen wollen. Es wird so sein, daß sich Kinder und erwachsene Gemeindemitglieder von der Schule und Arbeitsstelle her schon kennen. So werden aus Fremden Freunde.
- Es werden Frauen und Männer aus Berufen ausgewählt, dessen Arbeit niemand so gerne machen möchte.

– Fernstehende der Gemeinde
– Arbeitslose, Behinderte...

Ansprache vor der Fußwaschung mit Frauen

Jesus hat als Zeichen seiner dienenden Liebe den Jüngern die Füße gewaschen. Der Ausdruck Dienen darf nicht verkommen. Es darf nicht sein, daß man damit nur untergebene Arbeiten meint oder das Dienen beim Militär. Dienen ist ein Grundwort des Christseins, des Kirchseins. „Eine Kirche, die nicht dient, dient zu nichts", so heißt das Buch eines französischen Bischofs (Jacques Gaillot; Bischof von Evreux). Dienen ist immer mehr als bloße schöne Gesinnung; Dienen das sind Taten, die unseren Mitgeschöpfen helfen.

Stellen wir unseren Blick noch genauer ein! Sehen auf die Füße und Hände! Die Füße tragen uns, gehen schöne Wege und schwere. Sie sind oft unbemerkt. Nur wenn sie uns weh tun, nehmen wir sie wahr. Wir verdanken ihnen viel.
Schwestern und Brüder betrachtet, was die Hände Jesu tun, und wie man am nächsten Tag auf Golgota mit diesen Händen umgehen wird. Weckt dieser Gedanke an Jesu Hände heute und an Jesu Hände morgen nicht Betroffenheit in uns!

Heuer haben wir 12 Frauen gebeten, daß sie als Fußwaschungsapostelinnen beim Gründonnerstags-Gottesdienst dabei sind. Es geht dabei nicht um etwas Spektakuläres. Es geht schlicht um folgendes: Die Fußwaschung am Gründonnerstag soll echter Ausdruck einer dienenden und sich gegenseitig helfenden Gemeinde sein. Dabei dürfen wir alle lernen, daß jeder es wert ist, sich bedienen zu lassen und jeder in Situationen kommt, wo er den Dienst anderer annehmen soll. Dabei müssen wir aber auch lernen, daß jeder von uns auch zum Dienen gerufen ist. Auf diesem Weg müssen wir voranschreiten miteinander. Die Frauen gehen diesen Weg genau wie die Männer. Sie gehören nicht weniger zur Gemeinde. Ja, ich meine, daß gerade sie, uns Männern oft ein Beispiel für die dienende Liebe geben.

Liebe Frauen, Sie haben Ihre eigenen Lebensgeschichten. Einige von Ihnen haben ihre Heimat verloren, oder Sie haben – während des Krieges – zu hause gesorgt, daß es weiterging. Manche haben mit der Nachricht vom Tod des Ehemannes oder Bruders fertig werden müssen, manche haben Jahre oder Jahrzehnte lang Kranke gepflegt. Viele haben trotz schweren Leides das Vertrauen zu Gott bewahrt und sind dabei nicht verhärtet oder verbittert. Heute geht es darum, das alles auch einmal dankend zu bemerken. Andere haben durch ihren einfachen Dienst im Haus an Mann und Kindern gezeigt, was Dienen ist oder zeigen es noch. Viele Dienste in unserer Pfarrei werden von Frauen getan.

Einige haben an den Biertischen oder auf der Straße gefragt: Können Frauen Fußwaschungsapostelinnen sein? Ich stelle die Frage so: Können Frauen Apostelinnen sein? Und ich beantworte sie gleich: Frauen können Apostelinnen sein!

Ich möchte dazu die biblische Begründung geben:
Da ist zum Beispiel Maria von Magdala. Sie wird mit dem Ehrentitel Apostelin der Apostel bezeichnet. Sie war die erste Person, der unser Herr nach seiner Auferstehung erschienen ist. Sie hat den Jüngern die Osterbotschaft verkündet. Apostel sein, heißt ja Bote oder BotschafterIn für Jesus sein. Seine Wahrheit, seine Anliegen in die Welt zu tragen. Von den Aposteln der Zwölfergruppe wissen wir ja, daß sie das Weite gesucht haben, als es Ernst wurde. Frauen waren in der Kirche oft führend und richtungsweisend, wenn es um konkrete Umsetzung des Glaubens ging. Die Kirchengeschichte kennt Ordensgründerinnen, Reformerinnen und Profetinnen. Selbst Paulus, der manchen nicht als Frauenfreund gilt, rühmt in Römer 16 Frauen als Apostelinnen und Gründerinnen von Christengemeinden. Heute geben Mütter, Großmütter und Religionslehrerinnen den Glauben weiter an Kinder und Enkel.

Die Tradition der Kirche berichtet von Veronika, die am Kreuzweg Jesu stand. Auch diese Tat vergeht niemals, von ihr geht eine Faszination aus. Sie hat für ihren mutigen Dienst keine Gegengabe verlangt.

Das Zeichen der Fußwaschung ist also nicht ein Privileg. Es ist eine Tat, die herausfordern will zum Tun, ein Dienst, der provozieren will zum Dienen. Die Herausforderung besteht ja darin, daß Jesus, der Herr und Meister etwas ganz Unerwartetes tut, das die Apostel verwirrt, aber eigentlich zum Nachdenken bringen will und wohl auch gebracht hat. Jesus sagt, wie er die Fußwaschung verstanden wissen will: Ein Beispiel habe ich euch gegeben, damit auch ihr tut, wie ich an euch getan habe.

Lassen wir die Fußwaschung in diesem Sinne auf uns alle wirken und vollziehen sie heuer an Fußwaschungsapostelinnen, wie wir sie mit Fug und Recht nennen. Amen.

Karfreitag

Der Leidensweg Jesu

Ausrichtung:	Familien-Kreuzweg
Einsatz:	Passion, Karfreitag
Zugang:	Jesu Weg zum Kreuz ist eine menschliche Tragödie. Für ihn selbst und für die Menschen, denen er liebend und rettend begegnet ist, bricht eine Welt zusammen. Hilflos nehmen sie Abschied. Auch uns wird sich der Sinn von Ostern nur erschließen, wenn uns die Ereignisse des Karfreitags nahe gegangen sind, wenn wir mitgelitten haben.

Den Kreuzweg Jesu begleiten – Abschied von einem Freund

Hinführung

Die Gemeinde trifft sich in einem Vorraum oder im Rückraum der Kirche und wird durch den oder die ErzählerIn auf den Ablauf eingestimmt.
Schon vorher sollen fünf weitere Personen gefunden werden, die sich darauf entsprechend vorbereiten. Der oder die ErzählerIn soll mit eigenen Worten von Station zu Station die Geschichte von Gefangennahme, Folterung, Verurteilung und Hinrichtung Jesu schildern. Die fünf Personen sollen die Rollen von Menschen annehmen, denen Jesus in ihrem Leben begegnet ist.

Lied zum Ruhigwerden: „Schweige und höre“ (K)

Die Gemeinde geht ein Stück „Kreuzweg“ entlang der Kirchenwand, bzw. im Mittelgang nach vorne. Einige tragen ein Holzkreuz mit; der/die ErzählerIn führt durch die Leidensgeschichte.

Ablauf

1. Station: Die Ehebrecherin – Verurteilung Jesu

ErzählerIn bringt mit eigenen Worten die Situation von der Verurteilung Jesu (Mk. 15 ff)

Erste Person: (Die Ehebrecherin)
Ich weiß, was es heißt, verurteilt zu sein:
Seit damals, als sie mich beim Ehebruch ertappt, gröhlend durch die Straßen schleppten, weiß ich, was Todesangst ist:
Immer mehr Menschen liefen zusammen und schrien: „Steinigt die Ehebrecherin!" Sie sammelten Steine auf und trieben mich in Richtung Stadttor.
Da kam einer der Pharisäer auf die Idee, Jesus, der in der Nähe lehrte, zu provozieren: Jesus, das Gesetz des Mose befiehlt, daß wir die Ehebrecherin steinigen.
Sie stießen mich zur Wand. Sofort umringte uns eine Menschenmenge. Ich spürte Wut ...
Gleich würden sie losschlagen ...
Jesus schrieb scheinbar teilnahmslos mit dem Finger im Sand. Dann sagte er, ohne aufzusehen: „Wer von euch ohne Sünde ist, werfe als erster einen Stein!"
Und alle – einer nach dem anderen – alle, die mir nach dem Leben getrachtet hatten, schlichen sich davon.
Weinend vor Scham und Erleichterung stand ich vor ihm.
„Hat dich keiner verurteilt, Frau? Ich verurteile dich auch nicht. Geh und sündige nicht mehr!"
Damit ließ er mich stehen.

Dieser Jesus,
der mit einem einzigen Satz mein Leben gerettet hat, der als einziger zu mir gehalten hat, hat mich nicht verurteilt, trotz meiner Schuld.

Dieser Jesus,
nun haben sie ihn *unschuldig* zum Tode verurteilt – und ich kann ihm nicht helfen.
Wir können nur diese Steine als Erinnerung an Jesus mitnehmen.

Eine Minute: Augen schließen und schweigen.

Lied: Wer retten will wie Jesus auf dieser Erde, er wird verdammt, wie's Jesus ward, wird sterben und doch leben.
(nach der Melodie: Gotteslob Nr. 183)

Die Frau hat Steine in der Hand und es liegen noch viele am Boden. Wer will, kann einen Stein am Kreuzweg mittragen.

2. Station: Gelähmt sein – Fallen unter dem Kreuz

ErzählerIn bringt mit eigenen Worten das Fallen Jesu unter das Kreuz. (Mt. 27. 31 ff)

Zweite Person: (Der Gelähmte)
Nun ist er ganz zusammengebrochen; die Last auf seinem Rücken war zu schwer. Jetzt liegt er vor ihnen; er, der immer alle aufgerichtet hat, die unter ihrem Kreuz zusammengebrochen sind, liegt nun selbst am Boden, die Hände und die Knie blutig geschlagen, das Gesicht im Staub. Wie sie alle gaffen, wie sie sich auf die Zehen stellen, damit sie einen Blick erhaschen auf einen Menschen, der verkrümmt und zerschlagen vor ihnen liegt, den seine Beine nicht mehr weiter tragen wollen.
Ich weiß, wie das ist. Ich war ja selbst ein Gelähmter, ein Krüppel, mit verbogenen Rücken, das Gesicht immer nahe am Boden. Und ich denke an meine Beine, die ich nur mühsam mit Hilfe der Krükken nachschleppen konnte. Ich weiß, wie das ist, wenn sie verächtlich auf einen herabsehen. Ich kam mir immer geringer und wertloser vor. Immer war ich auf Hilfe angewiesen, und wie habe ich es mir gewünscht, daß ich einmal mich aufrichten und ihnen ins Gesicht sagen könnte, daß auch ich ein Kind Gottes bin.
Dann bin ich ihm begegnet, Jesus. Er war anders. Er hat mir gesagt, daß der himmlische Vater will, daß auch ich aufrecht und voller Mut durchs Leben gehen kann. Er gab mir meine Selbstachtung wieder und mein Vertrauen in Gott. Und das Wunder geschah, meine Heilung. Ich konnte mein Leben ganz neu beginnen. Und nun muß ich zusehen, wie es ihm schlimmer ergeht als mir!

Eine Minute: Augen schließen und schweigen.

Lied: Wer helfen will wie Jesus auf dieser Erde, wird fallen, so wie Jesus fällt, wird sterben und doch leben.

Jemand nimmt die auf dem Boden liegenden Krücken auf dem weiteren Kreuzweg mit.

3. Station: Aussätzig sein – Geißelung/Schweißtuch

ErzählerIn berichtet kurz von der Geißelung Jesu und vom Schweißtuch auf dem Weg. (Mt. 27,26 ff)

Dritte Person: (Die Aussätzige)
Seht doch, wie sie seinen ganzen Körper zerschunden haben. Überall haben die Geißeln die Haut aufgerissen und ihre blutige Spur hinterlassen. Auch ins Gesicht haben sie ihn geschlagen, die Dornen haben tiefe Wunden in seiner Stirn hinterlassen. Blut- und staubverschmiert ist der Abdruck, den sein Antlitz hinterlassen hat in dem Tuch der Veronika. Was ist geblieben von seinen strahlenden Augen und der milden Wärme in seinem Gesicht? Er, der andere Menschen so ansehen konnte, daß sie sich plötzlich rein und wertvoll vorkamen, ist nun selbst häßlich und ohne Ansehen bei den Menschen.
Was war das für eine Begegnung, als ich ihn das erste Mal traf: Ich, eine Aussätzige, und er, ein Prophet, dem die Menge nachlief. Ich habe ihn von weitem gewarnt, er solle mir nicht zu nahe kommen, er solle sich nicht anstecken mit einer Krankheit, die die Menschen all ihrer Würde beraubt und sie zu häßlichen Ungeheuern macht. Ich habe ihn von mir gewiesen – und doch, wie habe ich mich gesehnt nach einem Menschen, der nicht nur meine Haut sieht, die der Aussatz zerstört hat, und das faulige Fleisch, sondern den Menschen in mir.
Ich war eine junge Frau, wollte schön sein wie die anderen, wollte den Menschen gefallen und mußte mich wie stinkender Abfall in Höhlen verkriechen. Und er kam auf mich zu und sah mich an, so wie nur Gott einen ansieht, und ich wußte, er hat mein Herz gesehen; und ich fühlte mich rein und schön vor ihm. Er fragte mich nur, ob ich geheilt sein wolle, und in meinem Ja lag die ganze Hoffnung meines Lebens. Und nun sind meine Wunden verheilt, mein Körper ist gesund und voller Leben und er…“

Eine Minute: Augen schließen und schweigen.

Lied: Wer heilen will wie Jesus auf dieser Erde, wird leiden bis aufs Blut gequält, wird sterben und doch leben.

Jemand soll das bereitliegende Verbandszeug mit auf den Kreuzweg nehmen.

4. Station: Freundschaft mit Maria/Martha – Verlassensein Jesu am Ölberg

ErzählerIn bringt die Situation am Ölberg (Mt. 26.36)

Vierte Person (Maria):
Da geht er hin, mein Freund! Ich weiß, das dürfte ich nicht sagen, das geziemt sich nicht; und doch, er ist für mich und meine Schwester Martha ein Freund. Immer, wenn er in unser Haus kam und unseren Bruder Lazarus und uns besuchte, war alles ganz anders als sonst. Wir liefen ihm voll Freude entgegen, und es war, als ob es bei seinem Eintritt heller werden würde in unserer Wohnung. Eigentlich wäre es uns Frauen ja nicht erlaubt gewesen, mit einem fremden Mann zu reden, denn wenn Männer reden, haben die Frauen zu schweigen; unsere Aufgabe wäre es gewesen, in der Küche zu sein, das Essen zu kochen, oder dem Gast die Füße zu waschen. Doch er holte uns immer wieder zu sich, nahm uns ernst, und wir verbrachten oft die halbe Nacht damit, ihm Fragen zu stellen, von unseren Nöten und Hoffnungen zu reden, – und vor allem, ihm zuzuhören, wenn er voller Begeisterung vom himmlischen Vater sprach, der alle Menschen in sein Herz geschlossen hat. Er sprach davon, daß alle Menschen, auch wir Frauen, mitbauen sollten am Reich Gottes, indem wir einander lieben. Er ließ uns voller Hoffnung in eine Zukunft schauen, in der Gott Leid und Unfrieden von den Menschen nehmen werde. Und wir wollten beitragen zu dieser Zukunft, in der sich alle Menschen vertragen. Und nun dieses entsetzliche Ende! Wie konnte Gott das zulassen?

Eine Minute lang: Augen schließen und schweigen.

Lied: Wer lieben will wie Jesus auf dieser Erde, er wird gehaßt und geht allein, wird sterben und doch leben.

Als Symbol von Freundschaft und schöner Erinnerungen wird ein Fotoalbum aufgenommen und mitgetragen.

5. Station: Rettung aus dem Tod (Lazarus) – Gang in den Tod

ErzählerIn schildert mit eigenen Worten die Kreuzigung Jesu (Joh. 19,16 ff)

Fünfte Person: (Lazarus)
Das ist nun das Ende – dieser elende Tod am Kreuz. Und wir, seine Freunde, müssen dabeistehen und tatenlos zusehen. Ja, wir trauten uns nicht einmal zuzugeben, daß wir seine Freunde sind, damit wir nicht mit in die Sache hineingezogen werden. So feige waren wir. Dabei wurde er deswegen zum Tod verurteilt, weil er uns geholfen hat, wirklich zu leben.
Gerade ich, Lazarus, hätte vortreten müssen und für ihn Zeugnis ablegen. Es ist ja erst einige Monate her, daß ich krank im Bett lag, von fürchterlichen Schmerzen geplagt und dem Tode nahe. Meine Schwestern und meine Familie taten alles, um mir das Leben zu retten, doch schließlich mußten auch sie verzweifelt aufgeben. Wie traurig es ist, von seinen Lieben endgültig Abschied zu nehmen – ich habe es erlebt. Wie entsetzlich muß es für ihn sein, diesen jungen Mann in der Blüte seines Lebens, voll von göttlicher Kraft und Liebe!
Er hat mich damals nicht aufgegeben, als er kam und erfuhr, daß ich bereits in der Grabkammer des Todes war. In der Kraft Gottes, seines Vaters, hat er mich dem Tod entrissen und zu neuem Leben erweckt. Wie staunten doch alle, und welches Fest haben wir gefeiert! Ich habe geschworen in dieser Stunde, mein Leben lang würde ich ihm dankbar sein – ich würde ihm ein wirklicher Freund sein! Und nun diese Hilflosigkeit, diese Angst, diese Verzweiflung! Wie kann Gott, wenn er ein gerechter Gott und ein Gott des Lebens ist, ihn dem Tod überlassen, während er mich wieder zum Leben erweckte?!

Eine Minute lang: Augen schließen und schweigen.

Lied: Wer Leben schafft wie Jesus auf dieser Erde, wird sterben, wie es Jesus tat, wird sterben und doch leben.

Eine Bahre wird aufgenommen und bis zum ursprünglichen Ausgangspunkt getragen.

Abschluß

Alle stehen um das Kreuz, bzw. die mitgetragenen Kreuze.

Eine Minute lang: Augen schließen und schweigen

Kinder trauern und beten mit verteilten Rollen einige Sätze:

Jesus, du warst unser Freund. Immer hast du uns in deine Nähe geholt, auch einmal, als die Erwachsenen dagegen waren. Wir wollen in unserem Leben immer deine Nähe suchen.

Jesus, du hast gesagt, daß auch wir Kinder schon das Reich Gottes annehmen und weitertragen können. Wir wollen auch ein klein wenig von deinem Kreuz mittragen und dazu beitragen, daß die Menschen glücklicher leben können.

Jesus, wir stehen um dein Kreuz und sind traurig, weil du so elend sterben mußtest. Doch wir freuen uns auf deine Auferstehung.

Brigitte und Josef Schweighofer/Ursula und Peter Schleindlsperger

Ostern

Das Fest der Auferstehung

Ausrichtung:	Liturgie am Ostermorgen
Einsatz:	Auferstehungsfeier in der Gemeinde, Auferstehungsfeier im kleinen Kreis
Zugang:	Welchen Sinn hätte das Christentum ohne Auferstehungsglauben? Was wäre Ostern ohne eine Auferstehungsfeier? Dieses größte Fest der Christen im Jahreskreis will mehr als einen Festgottesdienst und bunte Frühlingseier.

---

1. Feuer in der Nacht

Wenn es noch ganz dunkel ist, kommen die Menschen zusammen, um aus der Nacht heraus das aufgehende Licht zu erleben. Oft ist das so, daß sich alle in der Kirche versammeln und das Hereintragen des Osterlichtes erwarten. Eine kleine Gruppe hat vor der Türe das Osterlicht entfacht und damit die Osterkerze entzündet.

In dieser traditionellen Art wird das Licht hereingetragen und gleich nach dem Eintritt in die Kirche das „Lumen Christi" (Licht Christi) gesungen. Nach einigen weiteren Schritten wird das zweite „Lumen Christi" gesungen, und dann in der Mitte oder im Altarraum das dritte. Anschließend entzünden die Umstehenden ihre Kerzen, die dann nach allen Seiten das Licht weitergeben. So wird aus der Dunkelheit heraus das aufkommende Licht erfahrbar.

● Das Osterlicht wird von Jugendlichen mit weißen Gewändern hereingebracht und zwar von allen Türen der Kirche bzw. Raumes. Dabei wird ganz langsam gegangen oder im Schritt-Tanz das Licht gebracht. Wenn alle Kerzen entzündet sind, werden noch weitere aufgesteckt (Teelichter auf den Altarstufen, Empore, Kerzenleuchter an den Seiten usw.)

Auf diese Weise kann der Raum ganz hell gemacht werden, ausgehend von einem Licht.

- Alle werden gebeten, sich draußen im großen Kreis zu versammeln. Das Feuer wird entzündet, evtl. aus Steinen geschlagen, um dem Element Feuer besser nachspüren zu können. Das erste „Lumen Christi“ wird nach dem Entzünden der Osterkerze aus dem entfachten Osterfeuer angestimmt. Das zweite, wenn die Kerzen der MitarbeiterInnen bzw. gewählten VertreterInnen der Gemeinde entzündet sind. Das dritte, wenn alle Kerzen im Kreis brennen.

- Die Erfahrung der Auferstehung wird mit einer pantomimischen Darstellung verstärkt:
Der Raum ist dunkel. Einige DarstellerInnen liegen auf dem Boden (je nach Ausrichtung in der Gangmitte, im Altarraum oder in allen Ecken des Kirchenraumes).

Ein schwaches Licht auf die am Boden liegenden Personen lenkt die Aufmerksamkeit aller auf diese erstarrte Situation.

SprecherIn:
„Jeder von uns lebt manchmal in dieser Starre!
Manchmal fühlen wir uns wie eingegraben, – wie im Grab. Manchmal spüren wir die Kälte und die Resignation um uns herum, wir erleben Niedergeschlagenheit, Enttäuschungen und an das Gefesseltsein am Krankenbett.“

Das Licht wird zu dieser Gruppe getragen und eine zeitlang bleibt alles still. Dann beginnen die liegenden Menschen sich zu bewegen, ganz langsam und immer mehr zur Aktivität kommend.

SprecherIn:
„Woher kommt das Licht? – Woher die Kraft? – Woher die Hoffnung und der Mut zum neuen Leben?“

Die DarstellerInnen „stehen auf“; langsam, immer mehr und die Bewegungen werden gesteigert. Sie erfassen das Licht, nehmen es in ihre Mitte, halten es hoch und beginnen mit dem Licht tanzende Bewegungen.

SprecherIn:
„Plötzlich entstand ein gewaltiges Erdbeben, denn ein Engel des Herrn kam vom Himmel herab, trat an das Grab, wälzte den Stein weg und setzte sich darauf. Seine Gestalt leuchtete wie ein Blitz, sein Gewand war weiß wie Schnee". (Mt. 28, 2 – 3)

Musik: Pachelbel-Kanon
oder Lied: Christ ist erstanden

Text: Er steht auf

a u f wie aufbrechen
aufrichten, auffinden, aufstehen.
A u f ist das Gegenteil von runter.
Nicht unten bleiben in den Tiefen
und der Horizontalen.

E r wie Erde und
E r wird kommen.
Erfüllen, erheben, erbarmen.
Die Ersten, die Erleuchtung, die Erneuerung.
E r S i e E s

S t e h e n wie Stand.
Auch er erstand von den Toten.
Stand auf,
ist auferstanden.

A u f e r s t e h e n wie sich erheben.
Erheben von der Last der Erde.
Auferstehen, wiedererstehen, aufleben.
Wer weckt mich auf
wenn die Nacht um ist?

Er stand auf
Er steht auf
Er läßt mich auferstehen.

2. Wir hören die Osterbotschaft

Eine Botschaft will etwas Bewegendes bringen. Eine Botschaft muß eine Botschaft bleiben und darf nicht mit allzulangen Lesungen eingebracht werden.
Drei Botschaften sind für den Ostermorgen von Bedeutung:

a) Die Botschaft von der Schöpfung (Vergangenheit)

(Kurzfassung aus dem Lektionar, oder frei erzählt)
„Das ist die Botschaft von der Schöpfung. So begann Gott die Geschichte mit den Menschen. Er schuf ihn zur Freiheit."

Abschluß mit einem Lied aus dem Schöpfungsbereich; z. B. den Sonnengesang von Franz von Assisi.

b) Die Botschaft von der Befreiung durch Gott (Gegenwart)

Wir hören die Kurzfassung von dem Auszug aus Ägypten.
Damit diese „Botschaft der Befreiung" im richtigen Licht gesehen werden kann, ist eine kurze Aufarbeitung dieser Stelle notwendig. Zum Beispiel:
„Wir glauben, daß Gott zu allen Zeiten jeden Menschen befreien kann. Die wichtigste Botschaft für die Israeliten damals und für die Juden von heute ist die Geschichte vom Auszug aus Ägypten. Deshalb haben wir sie jetzt gehört als Beispiel und Symbol für den Beistand Gottes.
Vielleicht dachten manche bei dieser Geschichte, wie kann Gott es zulassen, daß Gott die Ägypter zu Tode kommen läßt, nur weil er seine Heilstat an den Israeliten zeigen will. Hier muß hinzugefügt werden, daß es in erster Linie aus der Sicht der Israeliten ein heilvolles Ereignis war; so wie für eine Frau, die jahrelang geschlagen und geschunden wurde. Wenn nun dieser Mann bei einer Hetzjagd nach seiner Frau zu tode kommt, dann ist dieser Tod immer noch zu beklagen. Der Frau jedoch kann und soll man ein Erlösungsgefühl zugestehen.

Abschluß: Wenn das rote Meer grüne Welle hat (J)

c) Die Botschaft von der Auferstehung Jesu (Zukunft) (Lk. 24)

Verarbeitung
- Gott hat eine Welt eingerichtet, die zum Heil führt
- Einige Christen berichten von Heilserfahrungen
- Wer mag, tauscht mit anderen die Kerze; begleitet von dem Ruf der Ostkirche: „Christus ist wahrhaft auferstanden!“

Lied: Manchmal feiern wir mitten im Tag (J)

3. Auferstehungsgottesdienst

Die Gaben werden hereingebracht:
- Brot (Matzenbrote)
- Wein (in mehreren Kelchen)
- das Osterlicht (echte Bienenwachskerzen werden an der großen Osterkerze entzündet und auf den Altar gestellt)

Möglichkeiten zur Kommunion:
- Auf der einen Seite wird das Brot gereicht, auf der anderen der Wein.
- KommunionhelferInnen bringen allen Brot und Wein. Das Brot wird unter den Teilnehmern selbst geteilt, Der Kelch durch die Reihen gegeben.
- Im Raum bilden sich Kommuniongruppen: bis zu 10 Personen stehen im Kreis und Kommunionhelfer bringen das Brot und den Wein.

Lied: Einmal wurd es am Himmel hell (J)

4. Wir feiern weiter

Im Gemeindesaal ist ein festliches Frühstück bereitet. Alle sind eingeladen.

Fronleichnam

Brot auf dem Weg

Ausrichtung:	Umgang, Demonstration
Einsatz:	bei kirchlichen Umzügen wie Fronleichnam, Palmsonntag, Flurumgang, Fußwallfahrt
Zugang:	Menschen sind immer auf dem Weg. Auch Christen versammeln sich nicht nur in ihren Kirchen. Sie machen sich auf den Weg und suchen Gott in dieser Welt.

Hinführung

Umgänge und Prozessionen haben vieles mit dem Einzug von Jesus in Jerusalem gemeinsam: Das Hingehen zu einem wichtigen Ort oder einer wichtigen Sache, das Demonstrieren des Glaubens nach außen, das Schmücken und Wahrnehmen der Wohnstraßen und Wege. Im Mittelalter hat sich im christlichen Bereich besonders die Fronleichnamsprozession entwickelt. Es war in einer Zeit, in der das eucharistische Brot weniger gegessen, dafür aber umso mehr angebetet wurde. Diesen „Herrenleib" wollte man in allen vier Himmelsrichtungen eines Ortes tragen. Das heutige Wort leitet sich ab von „Fron" (= Herr) und Leichnam (Leib). Damals war „Leichnam" die Bezeichnung für den lebendigen Leib. Wenn wir heute noch Wörter verwenden, die nicht mehr das zum Ausdruck bringen, was dafür steht, dann kommt damit nur zum Ausdruck, daß der Inhalt von damals dem heutigen Verständnis nicht angepaßt ist, oder sogar im Sinne von „Leichnam" tot ist und das heutige Christsein nicht mehr trifft.

- Auch heute sollen wir auf die Straße gehen, um Anliegen und Forderungen einzubringen.
- Auch heute sollen Menschen sich auf den Weg machen, um vorwärts zu kommen und die Notwendigkeiten außerhalb der Kirchenmauern anzupacken.

- Auch heute sollen wir das Brot nach draußen tragen für jene, denen dieses fehlt.
- Kinder könnten bei dieser Prozession eingeladen werden, etwas mitzutragen, was sie gern mögen. So können Kinder leichter das Anliegen der Fronleichnamsprozession verstehen.

1. Beispiel: Wenn euere Gerechtigkeit nicht größer ist

Vorbereitung – Absprachen

Traditionsgemäß nehmen verschiedene Vereine und Verbände des Ortes an einer Prozession teil. Sie demonstrieren! Was demonstrieren sie?

„Wir bitten darum, das zu demonstrieren, was euch und uns wichtig ist. Heuer haben wir das Motto ‚Gerechtigkeit' vorgeschlagen".
- die örtliche Frauenorganisation hat sich für die Ausrichtung „Gerechtigkeit am Arbeitsplatz" entschieden.
- eine Jugendgruppe des Ortes übernimmt eine Station mit dem Thema „Randgruppen". Das Thema wird nicht nur eingebracht, Betroffene sind Teilnehmer der Prozession (Ausländer, Behinderte)
- die Freiwillige Feuerwehr greift das Thema „sich für andere einsetzen" auf.
- ein Familienkreis der Gemeinde gestaltet eine Station über die Situation der Missionspartnerschaft in Peru.

An vier Stationen außerhalb des Gottesdienstraumes werden nach dem vorausgegangenen Gottesdienst zum Thema diese vier Schwerpunkte eingebracht und demonstriert und zwar mit folgenden Schritten:

a) Hinführung zum jeweiligen Thema
b) Darlegung/Demonstration des Anliegens
c) Lesung oder Gebet
d) Bekräftigung aller
(damit soll zum Ausdruck kommen, daß diese Vorgabe „abgesegnet" wird, d. h. alle dahinterstehen. Im Einzelnen kann das ein Segen (-spruch) sein oder auch das ortsübliche Böllerschießen)

2. Beispiel: Gelebtes Glaubensbekenntnis

Ein Aspekt einer Prozession oder eines Umgangs ist auch der, seinen Glauben zu demonstrieren. Das war und ist in Ländern der Christenverfolgung ganz wichtig. In unseren Zeiten und unseren Ländern muß diese Glaubensdemonstration keineswegs zur Folklore werden; warum sollen die Mitglieder einer Glaubensgemeinschaft nicht zum Ausdruck bringen, wozu sie stehen? Ähnlich wie Tage vorher viel Mühe aufgewendet wird, um Straßen und Häuser zu schmücken, so kann auch eine Arbeitsgruppe „ihr Glaubensbekenntnis" zusammentragen: Am Glaubensbekenntnis der Kirche kann man sich orientieren und daraus „Schlagzeilen" formulieren. Diese dann auf Transparente oder Schautafeln schreiben und bei der Prozession mittragen.

Beispiele von Glaubenssätzen:
- Wir glauben an das Wirken Gottes in dieser Welt
- Die Liebe ist stärker als der Tod!
- Jesus ist wahrhaft auferstanden!
- Vergebung – auch N.N. in Abschiebehaft!

3. Beispiel: Brot, das die Hoffnung nährt

In herkömmlicher Tradition findet zunächst der Gottesdienst statt und anschließend die Prozession. Im katholischen Bereich wird die Monstranz mitgetragen, d. h. Jesus soll in Brotsgestalt dabei sein. Ein Junge verstand dieses Wort falsch und so wurde daraus „Protzgestalt". In der Tat sind die Monstranzen mit Prunk und Gold geschmückt und es muß gefragt werden, ob dies dem Geist Jesu entspricht. Auch kann man weiterfragen: Wenn die Christen vorher beim Gottesdienst kommuniziert, d. h. diesen Jesus in sich aufgenommen haben, dann tragen sie ihn in sich. So wird jeder Mensch zur „Monstranz" – jeder müßte unter dem Baldachin gehen.

Wir tragen Brot und Wein mit:
- weil wir zum Ausdruck bringen wollen, daß dies Früchte von dieser Welt/diesen Feldern und Gärten sind.
- weil wir zeigen wollen, daß wir als Christen mit Jesus über dieses Brot und diesen Wein verbunden sind.

- Wir tragen das Brot und diesen Wein im Wissen, daß dieses Brot vielen Menschen fehlt.

Ablauf

1. Station: Brot

Alle stehen um einen aufgestellten Tisch, auf dem die Körbe mit Brot stehen.

- eine Geschichte vom Brot
- **Lied:** Brot, das die Hoffnung nährt (J)
- Segensgebet über das Brot
- Aufnehmen des Brotes; alle oder mehrere tragen das Brot mit.

2. Station: Wein

Krüge mit Wein stehen bereit.

- Aus dem Evangelium Joh. 15 ff: Der wahre Weinstock
- **Lied:** Wenn wir das Leben teilen (W)
- Betrachtung eines vorher gelegten Blumenteppiches mit dem Symbol Wein.
- Segensgebet über den Wein
- Jemand oder einige tragen den Wein mit auf dem Weg

3. Station: Agape

- An einem passenden Ort im Freien oder im Gemeindehaus werden Brot und Wein festlich aufgelegt.
- Betrachtung von Brot und Wein, Musikstück, lit. Tanz u. ä.
- **Lied:** Kann denn das Brot so klein (T)
- Segensgebet über Brot und Wein
- Miteinander teilen – miteinander essen und trinken.

Kräutersegnung

Ganz heil sein

Ausrichtung:	Kräutertag – Kräutersegnung
Einsatz:	Gemeindegottesdienst, Hauskreisfest
Zugang:	Etwas segnen, – damit haben nicht wenige Leute Schwierigkeiten. Alle erwarten sich wohl „Glück und Segen“, aber Segen und Segensgesten werden nicht selten in eine magische Ecke gestellt. Wer im kirchlichen Bereich „segensreich“ wirkt oder „Segen spendet“, muß vorher das richtige Verständnis dafür aufzeigen; am besten bei einer einführenden Statio.

Hinführung

Tief in jedem Menschen steckt die Sehnsucht nach ganz ganzheitlichem Heil. Diese Sehnsucht ist nicht nur eingepflanzt, sie sucht sich auch immer wieder Wege und Mittel, für Geist und Körper, für Seele und Wohlbefinden Heilendes herzuholen.
Wenn der Sommer in voller Blüte steht, dann wird in uns ein Drängen spürbar, das Heilende aus der Natur einzusammeln für „dunkle Zeiten“ des Lebens. Wir machen das im Wissen, daß der Arzt gesundmachen kann, aber daß das Spirituelle heilt.
In der Mitte des Sommers haben die Menschen immer Kräuter und Heilpflanzen geholt, – Heilendes, das uns zum Heil werden kann und soll. In diesem Tun, in diesen Kräutern liegt der Segen. Der Segen besteht nämlich nicht darin, ein Gebet über oder zu einer Sache oder Menschen zu sprechen. Segnen heißt, mit unserem Reden, Denken und Tun eine Sache zum Guten wenden. In uns selbst und in der Natur stecken diese Kräfte, die wir ausgraben und heiligen sollen.
Bezogen auf unsere Kräuterweihe heißt das:

- den Schritt zum Guten lenken; konkret, Heilkräuter in unser Leben holen.
- die Heilkraft in diesen Kräutern uns bewußt machen, zu ihnen gleichsam Ja sagen; es wollen und zulassen, daß sie heilen können.

In diesem Verständnis und in diesem Tun wirkt Gottes guter Geist; diese Heilkräfte werden zum Heil, werden heilig.
Einmal waren viele und verschiedenste Heilkräuter und Pflanzen für die Hausapotheke und gesunde Ernährung wichtig. Heute müssen wir aber dem Rechnung tragen, daß nicht mehr alle diese heilenden Kräuter eine Bedeutung für unsere Lebensausrichtung und Gesundung haben. Wenn die Kräuterweihe einen Sinn haben soll, dann kann und soll man sich vorwiegend auch jene Kräuter holen, die für ein Familienmitglied oder für die ganze Familie wichtig und notwendig sind.
Im Laufe der Jahrhunderte hat man diese Kräuterweihe mit dem Fest „Mariä Himmelfahrt" verquickt und auch eine Beziehung dazu herzustellen versucht. Gerade durch die Heilkräuter wurde die Ganzheitlichkeit des Heils ausgedrückt – für dieseits und jenseits, für Seele und Leib.

Feierlicher Einzug

Wenn uns etwas ganz wichtig ist, dann zeigen wir diese Sache gern anderen Menschen; wenn Gruppen und Vereinigungen hinter etwas stehen, dann demonstrieren sie und wollen mit Fahnen oder Vorführungen der Öffentlichkeit zeigen, zu was sie sich bekennen.
Wenn eine Kräutersegnung nicht nur Folklore und verblaßter Brauch sein soll, dann sollen die Menschen auch im festlichen Einzug die Kräuter zur Geltung kommen lassen.
Entweder: alle versammeln sich draußen mit ihren Kräuterbuschen und ziehen gemeinsam ein.
Oder: Nur eine Gruppe zieht ein, die ihre erlesenen Heilkräuter darstellen will.

Wir bringen Kräuter und Heilpflanzen

Es ist ein guter Brauch, daß Christen am Tag der Kräuterweihe (meist 15. August) jene Kräuter und Heilpflanzen mit zum Gottes-

dienst bringen, die eine wichtige Rolle für Haus und deren Bewohner einnehmen.
Bei einem kleineren Feierkreis können gezielte Ausrichtungen gewählt und Absprachen getroffen werden. Auch in einer größeren Gemeinde können einige aus dem Kreis stellvertretend für andere wichtige Kräuter einbringen. Dabei sollen alle die Möglichkeit haben, jene Pflanzen zu bringen und deren Bedeutung auch darlegen, die ihnen persönlich wichtig sind, bzw. welche Beziehungen sie zu diesen Kräutern haben.

Einige Beispiele:

Johanniskraut

a) Darlegung
Das Johanniskraut findet man ab Mitte Juli an Wald- und Wegrändern. Die aufgegangenen Blütenköpfe müssen an einem sonnigen Tag zwischen 12 und 13 Uhr gerupft werden. Diese in eine Flasche geben und mit feinem Olivenöl übergießen. Das Öl muß die Blüten überdecken. Flasche gut verschließen und drei Wochen an das Sonnenfenster stellen. Dann abseihen, Rückstände abpressen und das rotleuchtende Öl in dunklen Flaschen aufbewahren. Es erhält seine Heilkraft 2 Jahre lang. Johannisöl wird angewendet bei offenen Wunden, Blutergüssen, Drüsenschwellungen, Ischias, Brandverletzungen und Rheumatismus.

b) Gebet
Herr, du hast unseren Leib wunderbar geschaffen. Doch dieser Leib ist verletzlich und wir selbst sind oft die Ursache, wenn etwas an uns zu Schaden kommt. Die Welt, die du so wunderbar geschaffen hast, gibt uns Heilendes aus der Natur. Wir nehmen diese dankbar an und loben deine Güte. Wir bitten um deinen Segen und die volle Heilkraft für das Johanniskraut, das wir in unsere Mitte gestellt haben. Bringe allen Kranken unserer Gemeinde Heilung und Genesung.

c) Anteilnahme
Der Johanniskraut-Strauß wird durch die Reihen gegeben oder getragen. Alle sollen diese Pflanze kennenlernen und berühren. Wenn ein zubereitetes Johannisöl mitgebracht wurde, bekommen jene eine eine Salbung, die es wünschen.

Kamille

a) Darlegung
Die Kamille ist eine wichtige Heilpflanze und zählt seit jeher zu den bedeutensten Hausmitteln. Die Kamille hat einen hohen Anteil an ätherischen Ölen, so z. B. Azulen.
Die Blütenköpfe können von Mai bis August gerupft werden, am besten in der Mittagssonne.
Kamillentee wirkt besonders bei Magenkrankheiten. Er beruhigt und ist schweißtreibend. Besonders geschätzt sind Kamillendämpfe bei Erkältungskrankheiten.
Kamillenöl gewinnt man dadurch, daß man die Blütenköpfe mit kaltgepreßten Olivenöl übergießt und die Flasche verschlossen 14 Tage in der Sonne stehen läßt. Kamillenöl wirkt krampf- und entzündungslösend.

b) Gebet
In deiner unendlichen Weisheit hast du uns, du heilbringender Gott eine Blume geschenkt, die nicht nur das Auge erfreut, sondern Heilung und Linderung bei Erkältungskrankheiten und Entzündungen bringt. Diese Blume der Natur haben wir heute mitgebracht, um uns an der Schönheit zu erfreuen und uns an diese gute Gabe zu erinnern, die du zu unserem Heil geschaffen hast.
Mache uns bereit, daß wir diese Pflanze schätzen und für uns und die Mitmenschen heilbringend verwenden.

d) Anteilnahme
Wenn man einen Blütenkopf zerreibt, wird der volle Kamillenduft freigesetzt. Kamillenzweige werden durch die Reihen gegeben, damit alle das heilbringende Aroma aufnehmen können.

Lavendel

a) Darlegung
Noch immer werden in Beuteln genähte Lavendelzweige in Wäscheschränke gelegt und das nicht nur, um den guten Duft zu bringen. Lavendelöl wird bevorzugt gegen Tier- und Insektengifte und regulierend auf das Nervensystem angewendet. Bei inneren Anwendung auch gegen Schwindelgefühle, Asthma und Schlaflosigkeit.
Gewonnen wird Lavendelöl durch Wasserdampf-Destilation von blühenden Zweigen.

b) Gebet
Herr, unser Gott, du kennst alle unsere Wege und unsere täglichen Sorgen. Du weißt, daß wir sehr oft in Eile sind und den täglichen Streß bewältigen müssen. Wir hätten die Stille und die Ruhe, aber meistens suchen wir sie nicht.
Doch für alle Krankheiten dieser Zeit hast du ein Kraut wachsen lassen. Wir danken dir als den Schöpfer alles Guten für den wohlriechenden Lavendel und loben deine unendliche Weisheit.

c) Anteilnahme
Alle Teilnehmer, bzw. jene, die das wollen, bekommen Lavendelöl auf die Stirn gesalbt.

Mariendistel

a) Darlegung
Die Mariendistel kommt aus Südeuropa. Sie ist leicht zu erkennen an ihren milchweiß gescheckten Blättern, deren Zähne in gelbliche Stacheln auslaufen. Die Köpfe sind groß und purpurn.
Die reifen Früchte werden gesammelt und bei verschiedenen Lebererkrankungen und auch zur Kur für Lebergeschädigte wirkungsvoll eingesetzt.

b) Gebet
Herr, an dieser Stelle möchten wir unsere Bitten für alle kranken Menschen bringen. Viele Menschen sorgen sich für sie, doch trotz vieler Bemühungen und moderner Medizin müssen wir damit leben, daß vieles nicht heilbar ist oder daß Menschen auf lange Zeit oder für immer geschädigt bleiben. Wir haben diese stachelige, aber doch wundervolle Mariendistel, die jetzt in voller Blüte steht, in diesem Festkreis genommen, symbolisch für alle Heilpflanzen, die uns Gesundung und Linderung bringen. Heilbringender Gott, segne diese Mariendistel, alle Heilkräuter und alle Menschen, die Kraft und Stärke für Leib und Seele brauchen.

c) Anteilnahme
Wir geben einige Mariendisteln durch die Reihen. Nehmt sie vorsichtig zur Hand, denn die Stacheln können verletzen. Wir können uns dabei erinnern, daß unser Leib verletzbar ist; aber auch daran, daß dieser stacheligen Mariendistel gesundmachende Kräfte innewohnen.

Ringelblume

a) Darlegung
Die Ringelblume gilt seit Menschengedenken als eine bedeutende Heilpflanze. Als Tee wirkt sie blutreinigend, als Salbe wird sie angewandt bei Venenentzündungen, Ekzemen, Pilzgeflechten, bei Stoß-, Stich- und Platzwunden. Diese beliebte Salbe wird hergestellt, indem feingeschnittene Blütenköpfe in Darmfett von natürlich gefütterten Schweinen gekocht werden. Tags darauf wiederum erwärmen, abseihen und erkalten lassen.

b) Gebet
Das Gelb dieser Ringelblumen bringen wir in diesen Kreis, damit wir an die Leuchtkraft der Liebe Gottes und an die Herrlichkeit seines Reiches erinnert werden.
Wie dieses Gelb in Freude erstrahlt, so lasse auch uns Menschen erstrahlen in Gesundheit und Heil, in Frohsinn und Freude.
Sei mit deinem Segen bei uns, segne alle Heilkräuter und diese Ringelblume, die wir jetzt alle zum Zeichen der erlösten Christen bei uns tragen.

c) Anteilnahme
In vielen unseren Gärten wachsen zahlreiche Ringelblumen. Wir haben soviele eingesammelt, daß jetzt alle eine solche bekommen können. Tragt diese leuchtende Blume zum Zeichen, daß Jesus uns erlöst hat –, im Haar oder am Kleid!

Abschluß

Es wird ein Kräuterbuschen aus allen eingebrachten Pflanzen gebunden und zur weiteren Feier in den Kreis genommen.
Wir betrachten eine zeitlang den Strauß; jemand besprengt ihn mit Wasser, um ihm Frische und Lebenserhaltung zu bringen.

Es folgt ein kleines oder größeres Kräuterfest. In einer Gemeinde können gebundene Kräuterbuschen verteilt werden. Auf dem Vorplatz werden Kräutertees angeboten.
Im kleineren Feierkreis kann das Fest noch weiter ausgestaltet werden: Selbstgebackenes Brot mit Fenchel und Kümmel; Kräuterbutter; Duftlampe; selbstgemachte Liköre, z. B. Kräuterlikör oder Brombeerlikör (besonders bei Verdauungsstörungen und Durchfall)

Erntedankfest

Herbstlicher Dank

Ausrichtung:	Dankgottesdienst
Einsatz:	Gemeindefeier, Erntedankfest
Zugang:	Dank ist etwas Ursächliches im menschlichen Dasein. Wir erfahren, daß viele Dinge um uns herum geschehen, für die wir nichts oder wenig getan haben. Ernte meint nicht nur die Früchte des Acker- und Gartenbodens; alles Geschaffene und Schöne ruft nach Freude und Dank. Christen feiern Erntedank, weil sie glauben, daß Gott der Geber alles Guten ist.

Lektor:
Heute feiern wir Erntedank. Dank für alles, was im vergangenen Jahr gewachsen ist und geschaffen wurde. Unter Ernte verstehen wir nicht nur das Einbringen der Feld- und Gartenfrüchte. Ernte ist für uns alles, was durch Arbeit, Sorge, Wachstum und Segen geworden ist. Es wurde viel geschaffen. Dafür wollen wir danken und als Zeichen dafür unsere Produkte bringen. Aber auch unsere Sorgen und Nöte mit unserem Dank einbringen.

Landwirt: (einen Laib Brot oder Früchtekorb in den Händen)
Wir produzieren nicht mit Fließbändern und in Werkhallen. Wir sind angewiesen auf Regen und Sonne. Wir sind ausgesetzt den Viehseuchen, Hagel, Überschwemmung, Trockenheit und dem Ozonloch. Wir haben keine festen Arbeitszeiten; oft arbeiten wir 70 Stunden in der Woche. Wir sind Arbeiter, Unternehmer und leitender Angestellter in einer Person. Es macht uns Freude, in Gottes freier Natur zu leben und zu arbeiten. Wir danken unserem Gott für alle Früchte, die in diesem Jahr gereift sind, und legen hier die Dankesgabe nieder.

Klage:
Wir möchten auch unser Mißfallen über die serienmäßige Produktion in landwirtschaftlichen Agrarfabriken zum Ausdruck bringen. Wir glauben nicht, daß Naturabläufe beliebig industrialisierbar sind. Unsere große Sorge gilt den vielen Bauern, die ihren Betrieb aufgeben müssen und letztlich arbeitslos werden. Immer mehr wird der Mensch aus- und die Maschine eingeschaltet: Schweinezucht in Fabrikhallen, Pflanzenbau in Betonetagen und Mistbanken zur Abfallbeseitigung stehen im krassen Widerspruch zum Schöpfungsauftrag. Großbestände bedeuten im pflanzlichen Bereich Monokultur, verarmte Artenvielfalt, ausgeräumte Landschaften, den erhöhten Einsatz von Großtechnik, Dünge- und Pflanzenschutzmitteln. Das ist unsere Klage!

ArbeiterIn: (im Arbeitsanzug, mit Werkzeug in der Hand)
Ich bin ein(e) VertreterIn der Industrie. In fast 40 Stunden je Woche produzieren oder erledigen wir, was der Mensch täglich braucht. Wo früher mit Körperkraft transportiert wurde, arbeiten heute Kräne, Stapler und Computer. Doch unsere menschliche Arbeit kann letztlich nicht ganz ersetzt werden.
Dank sagen möchten wir für alle technischen Errungenschaften, die uns die Arbeit erleichtern und einem menschenwürdigen Fortschritt dienen.

Klage:
Nicht alles ist rosig auf dem Arbeitsmarkt. Das soll und darf ausgesprochen werden. Das Los vieler ist die Arbeitslosigkeit. Wir müssen traurig feststellen, daß die einen immer mehr schuften und hetzen und andere keine Arbeit haben. Wir sehen mit Sorge, daß immer mehr Arbeitsplätze wegrationalisiert werden und daß Firmen unter Ausbeutung von Menschen in Billiglohnländern produzieren lassen.
Es darf nicht sein, daß Profit und Leistung an erster Stelle stehen. Der Mensch ist mehr wert als Geld!

Angestellter: (Arbeitskittel und Computerausdruck)
Wir sind gut versorgt. Es gibt modernste Krankenhäuser, Rettungsdienste, automatische Waschanlagen, Reisebüros, Taxis, Berufs- und Eheberater, Kundendienste aller Art, Telefonseelsorge, Jugend- und Kinderheime, Schulen, Reperaturwerkstät-

ten... Wir verstehen unsere Arbeit als Dienst am Menschen. Durch die Leistungen der verschiedenen Angestellten und Unternehmungen werden Menschen vieler Sorgen entbunden. Ein wenig mehr Wohlfahrt, ein Stück Himmel auf Erden sind wir in der Lage zu schaffen. Ideenträger allen Tuns und aller Möglichkeiten ist nach meiner Auffassung als Christ Gott. Wir arbeiten um Geld, aber letztlich darum, daß es allen Menschen gut geht. Ich bin dankbar für meinen Arbeitsauftrag und ich habe diesen Computerausdruck mitgebracht, auf dem ich einen Lob Gottes eingeschrieben habe.

Klage:
Die Nachkriegslegenden vom Fahradflicker, der sich zum Millionär hinaufgearbeitet hat, sind längst verstummt. Heute gelten qualifizierte Ausbildungen, ein wenig oder auch mehr Ellbogengeschick, ein wenig Beziehungen und nicht zuletzt überdurchschnittliche Leistungsnachweise. Viele bleiben dabei auf der Strecke. Und wer es dennoch schafft, lebt in der Angst, von jüngeren und dynamischeren Nachkommenden überrollt zu werden. Viele Angestellte verdienen so viel, daß es gerade zum Leben reicht, ohne jegliche Chance auf eine steile Karriere: und unser Sozialstaat darf sich rühmen, daß Frauen im Arbeitsleben immer noch benachteiligt werden und manche Auszubildende immer noch Fremdarbeiten und unbezahlte Überstunden leisten müssen; meist ohne jegliche Mitbestimmung.

Frau: (mit Kuchen)
Viele Frauen und Mädchen (oder Hausmänner) stehen nicht im Erwerbsleben im herkömmlichen Sinn. Aber das, was sie schaffen und vollbringen, ist mindestens gleichzustellen mit dem, was z. B. Ingenieure oder Handwerker leisten. Wir nichtberufstätigen Frauen (und Männer) haben auch im vergangen Jahr versucht, einen wesentlichen Beitrag zu leisten in den Bereichen Kultur, des Wohnens, der Kindererziehung und der Bildung. Letztlich weiß nur Gott, was im Leben wichtig und wertvoll ist. Mit diesem Kuchen, den ich bringe, soll all das zum Ausdruck kommen, was an Schönem und Lebenswertem in den Familien und Lebensgemeinschaften geschehen konnte.

Klage:
Möchte eine Frau in der nachfamiliären Phase teilweise oder auch ganz in das Berufsleben zurückkehren, so sind ihr die Wege oft so gut wie ganz verbaut. Nur in sehr geringem Maße werden Teilzeit-Arbeitskräfte gesucht, und nicht alle Frauen können sich in der Familienphase so weiterbilden, daß sie reibungslos wieder in den alten oder einen anderen Beruf zurückkehren können. Auch in vielen kirchlichen und gesellschaftlichen Bereichen geht es den Frauen nicht besonders gut. In der Werbung wird die Frau weiterhin schamlos mißbraucht; im politischen Leben kann sie sich in der männerbezogenen Umgebung entweder nicht durchsetzen oder sie wird als „Emanze" belächelt, ohne einsichtige Gründe bleiben ihr viele Aufgaben in der Kirche versperrt; alleinstehende Frauen oder alleinerziehende Mütter haben es Männern gegenüber ungleich schwerer.
Und nicht zuletzt: Wer als Mann zuhause bleibt, genießt in unserer Gesellschaft keine besondere Beachtung.

Kind: (mit Blumen in der Hand)
Jesus hat gesagt: „Wer das Gottesreich nicht annimmt wie ein Kind, wird nicht hineinkommen! (Lk 18.17) Damit wollte Jesus uns Menschen klarmachen, worauf es im Leben ankommt. Es ist nicht entscheidend, wer das meiste Geld zusammenbringt oder wer groß da steht. Wir Kinder und wir Kids haben im Spiel und Sport, – und meistens auch im Lernen – Freude und Spaß. Wir haben, ähnlich den Lilien im Felde, unseren Familien oder Muttis Unbekümmertheit und Hoffnung gezeigt und geschenkt. Wir haben die Tiere und Blumen dieser Welt gesehen und lieben gelernt, und wir haben viel erleben dürfen, weil Eltern und Lehrer große Mühe und Geduld aufgebracht haben. Wir sagen einfache Danke und bringen diese Blumen zu Jesus, der uns mag.

Klage:
Kinder müssen lernen. Der beste Lernerfolg liegt darin, etwas ausprobieren zu dürfen und Erfahrungen zu sammeln. Da müssen Erwachsene bedenken, daß dabei etwas mehr kaputtgeht und vieles mehr Zugeständnisse braucht. Aber statt dessen werden Kinder in ihren Spiel- und Abenteuermöglichkeiten immer mehr eingegrenzt. Besonders „kinderliebe Werbesendungen" zielen auf wachsende Kaufbedürfnisse der Kinder ab. Der gesetzliche Schutz gegen Bru-

talität, Gewaltverherrlichung und Pornographie ist völlig unzureichend. Kinder, Eltern und sogar Lehrer sagen fast übereinstimmend, daß die schulischen Anforderungen weit überhöht sind.

Lektor:
Wir haben Bilanz gezogen, was im letzten Jahr gewachsen, geschaffen und produziert wurde. Es wurde uns bewußt, wie groß und schön die Ergebnisse sind. Das Wort „Erntedank" hat drei Inhalte, zusammengefügt zu einem Wort:
das Ernten, das Danken und das Fest.
Deshalb wollen wir jetzt bei diesem Fest an das Danken denken.

Was ist unser Danken wert? Wir sagen zu jemanden „Danke", weil er uns den Vortritt zur Kasse läßt. Wir bedanken uns für ein Geschenk, für etwas, wofür wir nicht gearbeitet haben. Danke schön! Tausend Dank! Ich bin dir ja so dankbar! Ich weiß gar nicht, wie ich dir danken soll! Ich bin zu Dank verpflichtet! Danke für diesen guten Morgen! Wir sagen Danke, wenn die Bedienung das Essen bringt, obwohl wir dafür bezahlen. Wir wollen uns für den persönlichen Service bedanken.

Sind wir wirklich dankbar? Für alle Produkte und Früchte? Für alle Technik und den Urlaub, für die Blumen und die neue Saat? Sind wir nur dann dankbar, wenn uns das Danken am leichtesten fällt – wenn unter dem Strich ein großer Gewinn steht? Ist manches nicht nur Floskel?

Was bedeutet ein „Gott sei Dank" nach einem geglücktem Überholmanöver? Oder nach einer bestandenen Prüfung? Wie dankbar und zufrieden sind wir eigentlich, wenn viele an unseren Geburtstag denken? Wenn nach langer Hitze endlich Regen fällt? Wenn der geliebte Mensch uns am Bahnhof abholt?

Danken kommt von Denken! Wer nachdenkt, kommt zum Danken.

Es gibt viele Gründe, dir, Herr, zu danken. Du bist der Geber aller guter Gaben.
1 Dankt und preist den Herrn.
2 Lobpreist ihn auf den Mähdreschern und in den Kühlhäusern.

3 Dankt ihm für die Bodenfrüchte dieser Erde.
4 Dankt ihm für allen guten Fortschritt auf dieser Erde.
1 Ruft ein Bravo dem Herrn beim Erntetanz und Festessen.
2 Ruft einfach „Spitze“ in den Werkhallen und Kantinen.
3 Dankt ihm für Brot und Wein.
4 Lobpreist ihn mit Rock und Walzer.
1 Dankt ihm für alle Genüsse und Freuden.
2 Schreit „Super“ mit einem Radius von 100 Millionen Lichtjahren.
3 Dankt ihm für sein Reich, das er uns versprochen hat.
4 Dankt ihm, lobt ihn, preist ihn, feiert ihn!

Der Herr selbst hat uns eingeladen, mit ihm das Fest zu feiern. Es ist nicht irgendein Fest; es ist das Fest der Ernte, das Fest unseres Lebens vor Gott. Wir bringen bescheiden unsere Gaben, alles, was wir haben, vor dich: alle Ernteergebnisse dieser Zeit; allen Dank, den die Menschen dir geben können.
So wird dieses Erntemahl zu einem Fest, zu dem wir geladen sind. Wir nehmen teil am Festmahl Gottes.

Kirchweihsonntag

Die Feier der christlichen Gemeinde

Ausrichtung:	Aktivmeditation „Bausteine für die Kirche“
Einsatz:	Anläßlich des örtlichen Kirchweihsonntags oder: Allgemeines Kirchweihfest
Zugang:	Einmal war es so, daß alle Christen einer Gemeinde tatkräftig am Bau ihrer Kirche mitgeholfen haben. Das war dann auch Grund genug, am ersten Jahrestag der Einweihung – und dann jedes Jahr – aus Freude an diesem Bau ein Fest zu feiern: Kirchweih. In der Tradition ist dieses Fest noch stark verankert. Noch heute haben manche Ämter am Nachmittag des darauffolgenden Montags geschlossen, – weil sowohl die kirchliche als auch weltliche Feier über Gebühr anstrengte.

---

1. Bausteine – Aktion

Zu diesem Fest versammeln sich die Christen vor der Kirche. Viele Kieselsteine liegen bereit, sowie genügend Filzstifte. Alle Ankommenden werden gebeten, sich einen Stein zu nehmen und etwas nach eigener Wahl daraufzuschreiben, bzw. zu malen:

- besonders Kinder bekommen die Losung: was ich an meiner Kirche mag?
- Einen Satz zum Thema: Was baut mich auf?
- Einen Satz zum Thema: So stelle ich mir die Kirche vor!
- Den Namen aufschreiben nach dem Motto: Ich bin ein Baustein dieser Kirche.

2. Hinführung

Wir haben uns nach der Bausteine-Aktion hier im Kirchenraum versammelt. Jetzt sind alle oder die meisten an – wesend, die die Kirche ausmachen. Nicht Mauerwerk und Gebetbücher machen eine Gemeinde aus, sondern nur die lebendigen Mitglieder. Wir sind im An-Wesen Gottes. Früher sagten die Leute zu Haus und Besitz „Anwesen" und meinten damit, daß in diesem Haus jemand anwesend ist, ein Wesen da ist. Immer wenn wir uns versammeln, ist Gott wesentlich da. „Gott wohnt nicht in Tempeln, die von Menschenhand gemacht sind!" sagt Paulus in seiner Areopagrede zu den Athenern. Kein Haus kann Gott fassen; doch dort wohnt er, wo die Menschen ihm Raum geben. Wir wissen, daß Jesus selbst gern zum Tempel und zu Synogogen ging; doch sein Letztes Abendmahl hat er in keinem jüdisch-kirchlichem Raum gefeiert.
Heute feiern wir das Kirchweihfest; das Fest zur Erinnerung an die Weihe unserer Kirche. Das Kirchengebäude ist nur der Raum, der uns faßt. Die Kirche, das ist mehr. Kirche, das sind alle, die im Glauben an Jesus zusammenhalten. Wir feiern also heute den soundsovielten Jahrestag unserer Gemeinde. Und zu dieser Gemeinde gehört auch dieser Bau, der vor vielen Jahren einmal entstanden ist, um einen Versammlungsort zu haben.
Das alles feiern wir heute. Deshalb ist unsere Kirche innen und außen geschmückt. Deshalb haben Verbände unserer Gemeinde ihre Fahnen mitgebracht. Deshalb wird heute der Gottesdienst so festlich begangen. Deshalb hat sich unser Kirchenchor ganz besonders auf diesen Gottesdienst vorbereitet.

3. Bausteine – Meditation

Ihr habt am Kircheneingang Steine bekommen. Viele sind bunt, viele beschriftet. Es sind Kirchweihsteine, Jubiläumssteine, Erinnerungssteine, Symbolsteine für jeden von uns.
Unsere Kirche ist aus Tuff- bzw. Ziegelsteinen gemauert. So hätten wir kleine Tuffsteine austeilen können. Aber auch die Kieselsteine haben ihre Bedeutung. Sie sind aus der Alz genommen. Alzsteine.
Aus dem Fluß, von dem so viele Menschen hier leben. Durch ihr Wasser sind viele Arbeitsplätze bei uns entstanden. Sie gibt auch

unserer Gemeinde den Namen: Alzgern = Alzspitz, oder wenn man mag auch: wir haben die Alz gern!
Uralt sind die Steine. Eine Ewigkeit. Und sind andererseits wie neu. Sie erinnern uns an Altes, das auch neu sein kann. Gott und die Liebe werden niemals alt.
Kantig oder gar spitz waren sie, als sie aus dem Fels gebrochen sind. Die Wasser der Alz haben sie transportiert, die Wellen haben mit ihnen gespielt, sie glatt geschliffen – einen am andern. Auch wir reiben uns aneinander, Geschwister, Partner schleifen sich gegenseitig ab. Eine ehrliche Auseinandersetzung, ein Reiben bewirkt, daß wir nicht mehr so kantig sind.
Steine sind sie alle, nur lauter Steine, aber doch jeder wieder anders, an Maserung, an Form, jetzt – da sie bemalt sind – auch an Farbe, Schrift und Bild. Wir sind aus den gleichen Atomen aufgebaut, wir sind wie sie „Sternenstaub", verwandt mit den Steinen.
Jeder Stein ist einmalig. Wie auch jeder von uns. Und jeder soll immer mehr begreifen, daß er nicht einfach ersetzbar ist. Daß etwas fehlt, wenn du dich nicht einbringst.
Er ist auch ein Stein der Ermahnung. Eine Seite unseres Lebens ist das Harte. Darum bitten wir dem Herrn im Kyrie um sein Erbarmen. Wir sind in der Gefahr, kalt und hart zu werden. Doch Gott sagt uns: Ich reiße euch das Herz aus Stein aus und gebe euch ein Herz aus Fleisch (Ez. 11.19)
Wenn du den Stein lange in deiner Hand hältst, dann wird er warm von deiner Körperwärme. Menschen haben sich früher im Winter angewärmte Ziegelsteine ins eisigkalte Bett gelegt, zum Aufwärmen der Schlafstätte. Auch anderen kann ich meine Wärme schenken. Wie? Das ist noch einmal von deiner Eigenart abhängig, wie du deine Wärme weitergibst, sie anderen spüren läßt. Ein warmherziger Mensch. Und die Wärme, die du abgegeben hast, wärmt auch dich wieder.
Aus bestimmten Steinen kann man Feuer schlagen. Ein Wunder?! Das Osterfeuer hat man früher aus Steinen schlagen müssen. Der Funke aus dem Stein galt als Zeichen der Auferstehung. Gott bringt auch durch dich ungeahntes, staunenswertes hervor.
Steine liegen uns auch manchmal im Weg, wir stoßen uns daran. Blöder Stein! Schmerzen. Wir können sie dann weitergehend dort liegen lassen, ja sogar anderen Steine in den Weg legen. Aber wir können auch Steine aus dem Weg räumen.
Manche Not, manche Krise, hat mich ehrlicher, verantwortlicher,

nachdenklicher oder reifer gemacht, ist mir zum Stein des Anstoßes, auch eines neuen Anstoßes geworden.
„Laßt euch als lebendige Steine zu einem geisterfüllten Haus aufbauen!“ (1. Petr. 2.5) Der Vergleich mit den Steinen hat auch den Schreiber des ersten Petrusbriefes gefallen. Das kann man nicht irgendwann einmal tun und es dann dabei bewenden lassen. Die Kirche aus toten Steinen muß von Zeit zu Zeit renoviert, erneuert werden. Heute am Kirchweihtag können wir uns daran erinnern, daß eine Kirche aus Steinen nur lebt, wenn lebendige Steine diese zusammenhalten.

Nach dem Gottesdienst sind alle eingeladen, den Baustein im Vorplatz so zu legen, daß ein großes Kreuz entsteht. Damit soll zum Ausdruck kommen, daß wir alle mit dem Kreuz zu einer Gemeinde verbunden sind.

4. Gemeindefest

Nach dem Gottesdienst findet am Vorplatz ein kleines Fest statt. Zum Beispiel: Krapfenstand, Säfte und ein Faß Bier, Würstchen und Brot, Spiele und Musik. Wenn möglich, auch Tanz bzw. Tanzvorführungen.
Wir umarmen unsere Kirche:
Mit einer Zusatzaktion kann das Fest an Attraktivität gewinnen: Alle sind eingeladen, auf einen Zettel den eigenen Namen und eine Zahl zu schreiben; und zwar die Anzahl von Menschen, die notwendig sind, um den Kirchenbau zu „umarmen“. Vermutlich weiß das noch niemand. Deshalb muß man nach dem Einsammeln der Zetteln zuerst alle auffordern, eine Handkette um den Bau zu machen und dann die notwendige Anzahl von Personen zählen. Wer die richtige Zahl (oder annähernd die richtige) aufgeschrieben hat, bekommt eine Freikarte und darf sich alles zum Essen und Trinken wünschen, was auf dem Platz ist.

5. Nachkirchweih

Traditionsgemäß wird das Kirchweihfest mit dem Gottesdienst begonnen und anschließend entsprechend beim Essen, Trinken und

Tanz gefeiert. Die Älteren von uns können sich sicher noch an eine Nachkirchweih-Feier erinnern. Meistens wurde am Montagabend noch nachgefeiert und man ließ das Fest ausklingen. Wir laden zu Gesprächs- und Arbeitsgruppen ein. Zum Beispiel:

Wenn wir heute eine Kirche bauen würden, dann müßte sie so gestaltet sein.
Einige Ideen: daß über die Sitzordnung mehr Gemeinschaft entsteht, vielleicht achteckig oder ähnlich einem Physiksaal; jedes Mitglied muß von seinem Platz aus das Geschehen aufnehmen können; es muß eine Mitte geben, in der nicht ein Chor oder der Leiter steht, sondern „Jesus ist die Mitte"; der Raum muß mit Leben gefüllt sein, z. B. Wasser; großer Platz in der Mitte, damit auch etwas eingebracht werden kann; Farbe!

Ein besseres Miteinander in Gemeinde und Weltkirche. Einige Impulse:
Alle Christen haben grundlegende Menschenrechte wie z. B. Gewissensfreiheit oder Redefreiheit; alle Christen haben das Recht auf eine Stimme in allen Entscheidungen, die sie berühren, einschließlich der Wahl ihrer Leitung; alle Christen haben das Recht, sich aus einer Ehe, die irreparabel zerbrochen ist, zurückzuziehen; wir brauchen nicht nur Geld für den Jugendheimbau, sondern auch für eine hauptamtliche Kraft.

II

Feier des Lebens

Gebet durch die Nacht

Das Fremde in uns

Ausrichtung:	Angebote zum Thema
Einsatz:	Gebetsnacht, Liturgische Nacht
Zugang:	Warum macht uns das Fremde und Nichtgewohnte oft soviel Angst? Wir reisen wohl gern in fremde Länder, wollen aber dann meistens wieder gern zurück. Wir haben unsere Vorstellungen von Kleidung, Essen, Kultur und in der Moral; anderen Ausrichtungen begegnen wir mit Skepsis oder lehnen diese sogar ab. Im Fremden entdecke ich in mir das Fremde, weil soviel Nichtvertrautes in mir wohnt.

Vorausgedanken

Nicht so sehr tagsüber oder abends sind Veranstaltungen und Treffpunkte so anziehend, sondern nachts. Nicht wenige Leute gehen erst nachts um 22 Uhr aus und bleiben bis in die Morgenstunden weg. Die Nacht verspricht eine Faszination, ähnlich wie es die Mitternachtsmesse am Heiligen Abend oder die Osternachtsfeier waren, bzw. noch sind.
Je nach Größe der zu erwartenden TeilnehmerInnen müssen entsprechende Räumlichkeiten zur Verfügung stehen. Vorteilhaft ist es immer, wenn es gemeinsame Treffs und zwischendurch verschiedene Angebote zu einem Thema gibt.
Das Thema „Fremdheit in uns“ wird immer aktuell bleiben. Es muß nicht sein, daß erst aus purem Haß Brandsätze in Asylheime geworfen werden oder eine Gruppe Jugendlicher irgenwo einen Ausländer lyncht. Das Fremde lebt neben uns und in uns und fordert uns selbst immer wieder heraus. Wir sind tagtäglich fremden Einwirkungen ausgesetzt. Ein geeingetes Thema für ein „Gebet durch die Nacht“ oder eine „Liturgische Nacht“.

Vorausgedanken und Einstiege:

Das Fremde vertragen wir nicht so recht. Ich denke an eine Gruppe, die für drei Tage in einem Haus Quartier nahm. Jede Person saß bei jeder Mahlzeit auf demselben Platz und auf demselben Stuhl. In dieser Fremde mußte man sich offensichtlich sofort eine Mini-Heimat schaffen.

Der Mathematiker und Kulturphilsoph Bertrand Russel sagte: „Wir stehen am Ufer eines Ozeans und schreien in die leere Nacht hinaus; zuweilen antwortet eine Stimme aus dem Dunkel. Aber es ist die Stimme eines Ertrinkenden, und im nächsten Augenblick kehrt das Schweigen wieder."

Immer wieder sind Menschen gezwungen, in andere Länder auszuwandern. Wieviele Menschen aus dem europäischen Bereich sind vor Jahrhunderten nach Amerika ausgewandert, zumeist getrieben von bitterer Armut?
Später sind die Europäer in andere Länder gegangen, um diese zu kolonisieren, zumeist begleitet von Unterdrückung und Ausbeutung.
Heute sind es mehr andere Gründe, warum wir in die Fremde gehen:
Wir haben Ferienwohnungen in anderen Ländern, machen dort profitorientierte Geschäfte und nicht wenige Europäer lassen sich in anderen Ländern vorübergehend oder für ganz nieder.

Es lohnt sich über den Spruch nachzudenken: Jeder ist ein Fremder – fast überall! -

Ein deutsches Kind,
ein türkisches Kind,
ein italenisches Kind,
ein peruanisches Kind,
drücken beim Spielen
die Hände in Lehm.
Nun geh hin und sag,
welche Hand ist von wem!
nach Hans Baumann

Besonders, wenn ich von zuhause weg war, ist es mir schon oft passiert, daß ich nachts wach wurde und mir alles völlig fremd war. Ich wußte einige Augenblicke lang nicht, wer ich bin und wo ich mich befand.

Wir lernen die Menschen nicht kennen, wenn sie zu uns kommen, wir müssen zu ihnen gehen, um zu erfahren, wie es mit ihnen steht.
Johann Wolfgang von Goethe

Wer die Schattenseiten seiner Mitmenschen akzeptiert, akzeptiert – psychoanalytisch betrachtet – seine eigenen Schattenseiten.
Leonardo Boff

Man haßt immer die Menschen, denen man Unrecht tut.
Stefan Zweig

Impuls-Aktionen

Lege für dich zurecht, was dir absolut fremd und unzugänglich ist. Hier einige Beispiele, damit eigene Hintergründe eingefangen werden können: In manchen asiatischen Ländern ißt man Hundefleisch; strenggläubige Juden arbeiten am Sabbath absolut nichts; moslemische Frauen tragen auch in Deutschland ständig Kopftücher; Zeugen Jehovas lehnen Bluttransfusionen ab; in manchen arabischen Ländern wird der Ehebruch der Frau mit dem Tode bestraft. Fragen zur Weiterarbeit:

- Was lehne ich absolut ab und warum?
- Was würde ich unternehmen, wenn ich an dessen Stelle wäre?
- Entdecke ich nicht in dem, was mir fremd vorkommt, meine eigene Fremdheit?
- Sind fremde Dinge nicht eine Anfrage an mich selbst? Eine Anfrage, wie ich mit dem Sonntag umgehe? Eine Anfrage an meine Kleidung? Eine Anfrage, was ich alles esse?...

● Alle bekommen auf ihren Rücken einen Zettel geheftet, auf dem jeweils eine andere Bezeichnung steht. Wenn alle den Zettel auf dem Rücken haben, soll jeder herausfinden, was auf seinen eigenen Zettel steht. Dabei kann und muß man auf andere zugehen und z. B. fragen: „Bin ich ein Mann?“ Oder: „Bin ich ein Deutscher?“ Also immer Fragen stellen, die mit JA oder NEIN zu beantworten sind. Man kann und soll auch zwischendurch den oder die Fragepartnerin wechseln bzw. zu anderen hingehen; auf jeden Fall solange fragen, bis man drauf kommt, was auf dem eigenen Rücken steht. Beispiele für Aufschriften: Skinhead, Chinese, Liliputaner, Transvestit, Moslem, Indianer, Lesbe, Frankenstein, Vegetarier, Afrikaner, Bhagwan-Jünger.

Auswertungsfragen:
- Wie fremd war mir meine gegebene Rolle? Oder wie sympatisch?
- Bei welcher Rolle habe ich (innerlich) am meisten gelacht?
- Welche von den gegebenen Rollen möchte ich am liebsten haben?
- Welche auf keinen Fall?

● Die Anwesenden werden in zwei Gruppen geteilt: Wer in der ersten Hälfte des Jahres und in der zweiten Hälfte geboren ist. Zwischen den beiden Gruppen werden Decken gespannt bzw. gehalten und zwar so, daß man sich gegenseitig nicht mehr sehen kann. Eine Gruppe kann beginnen. Dazu hält eine Person der einen Gruppe die Hände über die Deckenhöhe, daß die andere Gruppe diese sehen kann. Dazu wird eine passende Frage gestellt. Anschließend kommt die nächste Gruppe an die Reihe.

Fragebeispiele:
- Sind das die Hände von einer Frau oder einem Mann?
- Sind das die Hände von einem/r SchülerIn oder einem Azubi?
- Wie alt ist diese Person?
- Hat diese Person die deutsche Staatsangehörigkeit?
- Lebt diese Person in A., B. oder C.?
- Lebt diese Person abstinent in Sachen Nikotin? (Fleisch...)
- Welcher Glaubensgemeinschaft gehört diese Person an?

Danach ist ein Rundgespräch unbedingt notwendig. Es soll deutlich werden, daß ein Mensch nicht aufgrund seines Aussehens beurteilt werden kann.

● „Schau dich nach Personen um, die du noch nicht oder nur wenig kennst! Draußen auf dem Vorplatz (oder in einem eigenen Raum) stellen wir uns im Kreis auf und zwar so, daß immer links und rechts eine dir nicht bekannte Person steht. Wir machen das schweigend. Schaue dabei in dein Inneres! Lasse deine Gefühle sprechen!

Frage dich immer wieder, was dich mit den nebenstehenden Personen verbindet und was dir fremd ist!“
(ca. 10 Minuten, dann Erfahrungsaustausch)

Schriftworte

2. Mo. 22.20
Einen Fremden sollst du nicht ausnützen oder ausbeuten, denn ihr selbst seid in Ägypten Fremde gewesen.

Mt. 7. 1–3
Richtet nicht, damit ihr nicht gerichtet werdet! Denn wie ihr richtet, so werdet ihr gerichtet werden, und nach dem Maß, mit dem ihr meßt und zuteilt, wird euch zugeteilt werden. Warum siehst du den Splitter im Auge deines Bruders, aber den Balken in deinem Auge bemerkst du nicht?

Mt. 23.8
Denn nur einer ist euer Meister, ihr alle aber seid Brüder

Eph. 2. 17–19
Er kam und verkündete den Frieden: euch den Fernen, und uns, den Nahen. Durch ihn haben wir beide in dem einen Geist Zugang zum Vater. Ihr seid also jetzt nicht mehr Fremde ohne Bürgerrecht, sondern Mitbürger der Heiligen und Hausgenossen Gottes.

Kol 3.11–13
Wo das geschieht, gibt es nicht mehr Griechen und Juden, Beschnittene oder Unbeschnittene, Fremde, Skythen, Sklaven oder freie, sondern Christus ist alles und in allen. Ihr seid von Gott geliebt, seid seine auserwählten Heiligen. Darum bekleidet euch mit aufrichtigem Erbarmen, mit Güte, Demut, Milde, Geduld! Ertragt euch gegenseitig, und vergebt einander, wenn einer dem andern etwas vorzuwerfen hat.

Gebete

Einmal gab es jemanden, der hatte Beziehungen zur reichen Oberschicht und zu den Menschen an den Straßenrändern.

Einmal gab es jemanden, der keinen Unterschied machte zwischen Mann und Frau, zwischen Jung und Alt, zwischen dumm und gescheit.

Einmal gab es jemanden, der sich von einem betrügerischen Zollbeamten ebenso einladen ließ wie von einem reichen Pharisäer.

Einmal gab es jemanden, der den ausländischen Samariter lobte, den Knecht des römischen Besatzungsoffiziers heilte und gegen alle Vorschrift eine ausländische Frau am Jakobsbrunnen ansprach.

Einmal gab es jemanden, der mit den Gelehrten der Schrift redete und unter Blinden und Analphabeten weilte.

Einmal gab es jemanden, dem nichts fremd war, weil er mit sich selbst eins war; der das Anderssein nicht nur gelten ließ, sondern sich immer wieder darauf einließ, die Menschen mit ihren Eigenheiten und Gewohnheiten anzusprechen und aufzunehmen.

Rosenkranzgebete

Gegrüßet seist du Maria,
du bist den Weg gegangen,
den Gott dir zeigte.
Du hast Ja gesagt zu Gott und dem Messias;
und das Heil kam in die Welt.

Der uns in den Mitmenschen begegnet

Heilige Maria, Mutter Gottes
mit dir gehen wir neue Wege,
heute und zu allen Zeiten.
Amen

Weitere Rosenkranzgeheimnisse:

- Der uns unsere Ängste nimmt
- Der unsere Mitte ist
- Der uns anspricht im Fremden
- Der uns bereichert im Anderen
- Der zu uns kommt im Ausländer
- Der unsere Fesseln löst
- Der uns Mauern überspringen läßt
- Der uns aus der Enge befreit
- Der uns hinausführt ins Weite
- Der uns begegnen will

Gebet aus Afrika

Herr Jesus Christus,
der du von einer hebräischen Mutter
geboren wurdest,
aber voll Freude warst über den Glauben
einer syrischen Frau
und eines römischen Soldaten,
der du die Griechen, die dich suchten
freundlich aufnahmst und es zuließest,
daß ein Afrikaner dein Kreuz trug,
wir danken dir,
daß auch wir zu dir gehören.
Hilf uns, Menschen aller Völker und Rassen
als Miterben in dein Reich zu bringen.
Amen.

Unsere Bitten und Wünsche

Die meisten von uns haben die Bitternis der Fremdheit noch nicht hautnah erlebt. Wir können das nur erahnen und beten:

Wir denken an Menschen, die aus anderen Verwurzelungen kommen. Sie haben Angst, ihre Kultur und ihre Identität aufgeben zu müssen.

Wir wollen dazu beitragen, daß sie eine Heimat finden und auf Geschwister statt auf Gegner treffen.

Wir denken an alle, die auf der Flucht sind. Wer nimmt sie auf? Wer gibt ihnen zu Essen? Wir bitten darum, daß es viele Menschen und viele Familien gibt, die Fremde aufnehmen und ihre Not sehen.

Du Bruder Jesus, hast selbst die Erfahrung des Fremdseins gemacht. Wandle alles Fremde in uns zur Heimat, alle Gegnerschaft zu Freundschaft, alles Leiden zu Freude. Amen

Lieder

Der Himmel geht über allen auf (J)
Jesus wohnt in deiner Straße (T)
Manchmal feiern wir mitten im Tag (J)
Meine engen Grenzen (W)
Warum denn bauen wir nicht Brücken zueinander (T)
We shall overcome (T)
Wenn du singst, sing nicht allein (T)

Bußgottesdienst

Ich werfe meine Schuld ins äußerste Meer

Ausrichtung:	Loslösungsaktion
Einsatz:	Bußgottesdienst
Zugang:	Das Schuldbewußtsein ist zweifellos geschwunden. Das Gewissen in jedem Menschen jedoch macht sich zur rechten Zeit bemerkbar. In allen Menschen steckt das Verlangen, das ablegen zu können, was schiefgelaufen ist.

---

1. Bereitung

Nicht wenige Menschen warten verbissen darauf, daß manche ihrer Mitmenschen Verfehlungen einsehen und ein Wort der Entschuldigung finden. Würde das geschehen, wäre alles „vergeben und vergessen“. Es reicht also nicht, wenn jemand sich im stillen Kämmerlein die Schuld eingesteht oder, wie es immer wieder Menschen bezeichnen, die Sache mit Gott allein aushandelt.
Für Christen gilt das Beziehungsdreieck: Ich – Mitmensch – Gott. Nur wenn alle drei Ebenen miteinbezogen werden, wird Vergebung möglich.
Ich: Ich selbst muß bereit sein, eine Versöhnung herbeizuführen. Mit Gott, wenn ich ihn für mein Leben ausgeschlossen habe. Wenn ich etwas bereinigen will, was zwischen ihm und mir steht bzw. mit Mitmenschen nicht mehr in Balance gebracht werden kann.
Mitmensch: Die meisten Fehler von mir haben auch etwas mit den Mitmenschen zu tun. Daher müssen die Betroffenen auch für eine Vergebung mit einbezogen werden. Das ist nicht immer möglich. In der sog. Ohrenbeichte besonders im katholischen Bereich konnte bzw. kann man stellvertretend mit einem Menschen reden, wenn andere Wege verbaut sind oder eine schwere Last nur mit einem Gespräch und einer „Lossprechung“ genommen werden kann.

Gott: Gott ist bei jeder Schuldvergebung dabei, besonders wenn ich es will und anstrebe. Gott ist in meinem Gebet bei mir, er ist „mitten unter uns, wenn zwei oder drei in seinem Namen versammelt sind“ oder ein klärendes Gespräch führen.

Wir laden alle Menschen ein, die Vergebung suchen.

2. Wirf es weg!

„Wenn dir dein rechtes Auge Ärgernis schafft, dann reiß es aus und wirf es weg“ (Mt. 5. 29) Auch wenn uns ein solches Jesus-Zitat erschaudern läßt, wir wissen dennoch: Etwas falsch gelaufenes kann nicht aus der Welt geschafft werden, nur weil es einem leid tut. Wir müssen das Ärgernis wegschaffen.
Warum soll jemand nicht seinen Fernseher in den Keller tragen (ins äußerste Meer werfen), wenn dieser einer Beziehung im Wege steht? Warum soll jemand nicht die Zigaretten aus seinen Taschen raus und in den Mülleimer werfen, wenn seine Gesundheit Schaden nimmt oder wenn es deswegen immer wieder zum Streit kommt?

Wir möchten jetzt gerne fünf Minuten Zeit lassen, damit alle für sich festlegen können, was sie gerne „wegwerfen“ wollen. Es können Dinge um uns herum sein, Verhaltensweisen oder unglückselige Ereignisse der letzten Zeit.

Fünf Minuten Zeit

Eindrucksvoller ist es, wenn konkret etwas in die Mitte gelegt wird. Dazu wäre es aber notwendig, in einer Vorbeitungsgruppe das Thema einzubringen und Vorbereitungen zu treffen. Aus diesem Kreis können dann ganz bewußt und gezielt jene Dinge mitgebracht und „weggelegt“ werden, die zum „Ärgernis“ geworden sind. Möglicherweise schließen sich dann spontan andere Teilnehmer an.

Ich habe das hergeholt, was ich gerne loshaben möchte.
Ich weiß natürlich, daß mir niemand die Arbeit abnimmt, das wegzuräumen, was ich weglegen will, – oder wie es bei Mi 7.19 heißt: „Ja, du wirfst all unsere Sünden in die Tiefe des Meeres hinab“.
Holen wir uns den Ruf bei Micha ganz in unsere Mitte, damit wir begreifen können, was Gott mit unseren Fehlern und Sünden macht:

Wer ist ein Gott wie du,
der du Schuld verzeihst
und den Rest deines Erbvolkes,
das Unrecht vergibt?
Gott hält nicht für immer
fest an seinem Zorn;
denn er liebt es, gnädig zu sein.
Er wird wieder Erbarmen haben mit uns
und unsere Schuld zertreten.
Ja, du wirfst all unsere Sünden
in die Tiefe des Meeres hinab.
Du wirst Jakob deine Treue beweisen
und Abraham deine Huld,
wie du unseren Vätern geschworen hast
in den Tagen der Vorzeit.

3. Steine – Aktion

Wir haben Kieselsteine gesammelt. Sie liegen in diesem Korb. Daneben in einem Körbchen sind Filzstifte. Wer das mag, kann sich einen Stein holen und das daraufschreiben, was er oder sie wegwerfen möchte.
Wir möchten gerne diese Steine nachher in den nahegelegenen Fluß werfen. Damit kann deutlich werden:
Gott wirft unsere Sünden in die Tiefe des Meeres.
Und: Ich bin das wirklich los, was ich dem Stein aufgeschrieben habe.
Die Steine werden nachher wieder in den Korb gelegt.

Jemand betet:
Schwer wiegen diese Steine Herr,
auf die wir jetzt unsere Schuld abgeladen haben.
Diese kalten, aalglatten Steine
haben uns etwas abgenommen, was uns zu schwer war.

Diese Steine,
sie liegen jetzt alle ganz nahe beisammen.
Wenn diese Steine reden könnten,
dann würden sie sich gegenseitig erzählen,
was sie belastet

und vielleicht sogar sich gegenseitig um Verzeihung bitten.
Du versöhnender Gott,
vollziehe du das, was uns Menschen so schwer fällt:
Mache alles heil, was heillos war.
Versöhne du die Menschen, die hier nach Erlösung warten
und die Menschen untereinander.
Du wirst unsere Schuld in Tiefen des Wassers werfen
und vergeben auf immer.
Dann werden wir Erlöste sein und Versöhnte.
Wir werden stimmig sein mit uns selbst,
frei sein im Miteinander und zu anderen Menschen,
und heil sein mit dir. Amen

Möglichkeiten:

A. Stellvertretend für alle trägt eine kleine Gruppe den Korb mit den Steinen zum Fluß (oder See) und versenkt diese.

B. Wenn es nur eine kleine Gruppe ist, dann können alle mitkommen und man kann den eigenen Stein selbst in den Fluß werfen.
In diesem Fall sollen aber die Steine nach der Beschriftung nicht in einem Korb gesammelt werden.

(wenn auch Gegenstände abgegeben wurden, soll über die Weiterverwendung bzw. ein Rycycling nachgedacht und auch im Sinne aller entschieden werden)

Das „miteinander zum Fluß gehen" wird möglicherwseise Heiterkeit und „befreites Lachen" auslösen; ebenso die „Fluß-Werf-Aktion". Das ist gut so. Aus dieser lockeren Atmosphäre heraus kann und soll man noch zum Gebet oder zu einem Lied einladen. Auch ist es möglich, zum Gottesdienstraum zurückzukehren und den Lobpreis anzustimmen.

5. Lobpreis

Lied

- Manchmal feiern wir mitten im Tag (J)
- Selig seid ihr (T)

Lobgebet

Psalm 25, 36, 65 oder 103

Die Feier des Passahfestes

Wenn Gott uns heimführt

Ausrichtung:	religiöses, jüdisches Fest
Einsatz:	abendliche Feier in der Karwoche, im kleineren Kreis
Zugang:	Die Juden feiern dieses Fest jährlich zur Erinnerung an die Befreiung des Volkes Israel aus der ägyptischen Herrschaft. „In jeder Generation ist der Mensch verpflichtet, zu preisen, zu loben..." (Rabbi Gamaliel) Auch in unserer Zeit gibt es viel Befreiendes, das wir feiern sollen. Jesus hat wahrscheinlich das „Letzte Abendmahl" als Passah-Fest gefeiert und dabei den „Neuen Bund" geschlossen.

Einführung

Dieses Passah-Fest kann nur gefeiert werden, wenn die Teilnehmer dazu ausreichend eingeführt werden. Einen Tag, oder wenigstens eine Stunde vorher, versammeln sich alle, um das rechte Verständnis dafür zu bekommen und den Ablauf der Feier verstehen zu lernen.
Das Volk Gottes ist immer unterwegs aus einer Unterdrückung zur Befreiung. Das ist heute so wie damals, als sich das jüdische Volk vor 3 500 Jahren aus der Knechtschaft Ägyptens befreit hat; der Spannungsbogen geht von Ägypten bis Ausschwitz. Auch meine eigene Befreiung aus Abhängigkeiten und modernen Götzendienst soll in dieser Nacht anklingen und gefeiert werden. Denn die Zeit des Fastens ist vorbei und das Fest der Auferstehung naht.
Das „Pasha"-Mahl (aramäisch) oder „Pesach" (hebräisch) geht auf Ex. 12 zurück. Es wird die wunderbare Errettung in Erinnerung gebracht und die Sehnsucht nach dem in der Zukunft liegenden Freudenmahl, das Gott den Menschen bereiten wird.
Das Pashamahl wird in jüdischer Tradition im Familienkreis gehalten. Dabei leitet der „Hausvater" traditionsgemäß die Feier (selbst-

verständlich kann jede Person die Rolle des „Hausvaters“ übernehmen, wenn genügend Kenntnis der Ausrichtung vorhanden ist).
Es können hier noch weitere Erklärungen angefügt werden, die im Ablauf des Pasha-Mahles zum besseren Verständnis deutlich gemacht werden.

Vorbereitungen

Raum: Es soll ein Raum mit guter Athmosphäre sein. Die TeilnehmerInnen sitzen im Kreis an Tischen. Die ursprüngliche Form ist die lagernde Haltung (auf Sitzkissen) Viele Kerzen werden aufgesteckt. Wenn vorhanden, kann ein siebenarmiger Leuchter aufgestellt werden. Tischdecken, Blumen, bunte Servietten.

Charosseth, ein Fruchtbrei aus Äpfeln, Nüssen, Mandeln und unter Zusatz von Ingwer oder Zimt und Wein. (am besten Fruchtwein) Dazu Früchte zu Brei verarbeiten und mit den Zutaten vermischen.

Becher mit Salzwasser

Bitterkräuter: Chicorèe oder geriebener Meerrettich

Mazzen: ungesäuertes Brot. (mit dem Bäcker absprechen; es soll ein Brot ohne Sauerteig unter Zusatz von Salz sein)
Mazzen war das Brot der Armen und das Brot der Israeliten, als sie in Ägypten waren.

Grünes Kraut: Grüner Saisonsalat, auch Sellerie

Lamm: vorher zubereiten und warm stellen.
Dazu Teller und Besteck, Tranchiermesser und -gabel

Rotwein: in Karaffen, dazu für jeden Teilnehmer einen Becher; traditionell ist, daß jeder Teilnehmer seinen eigenen Becher hat. (wegen der Frauen, die daran teilnahmen – Jesus forderte beim Letzten Abendmahl auf, daß alle aus einem Becher trinken)

Wasser: auf einem Extratisch stehen für die Händewaschung ein Krug mit Wasser, eine Schüssel und 2 Handtücher.

Licht: auf einem Extratisch steht eine größere Kerze.

Musik: Am besten im Musikgeschäft religiöse jüdische Gesänge besorgen. (z. B. „Magdalith“)

Ablauf der Feier

1. Beginn: Händewaschung

Die Teilnehmer sind im Vorraum versammelt. Am Eingang wäscht der Hausvater allen Teilnehmern einzeln die Hände. Dabei kann ein Willkommensgruß oder ein Segenswort („Shalom", „der Friede sei mit dir") gesprochen werden. Ungefähr in der Mitte der Händewaschung spricht er das Segensgebet:

„Gepriesen bist du, Herr, unser Gott, König des Himmels und der Erde, der du uns geheiligt hast durch deine Gebote und uns den Auftrag gabst, unsere Hände zu waschen zum Zeichen der inneren Reinheit."

2. Enzünden des Lichts

Das Licht wird entzündet. Dabei spricht der Hausvater:

„Gepriesen bist du, Herr, unser Gott, König des Himmels und der Erde, der du uns geheiligt hast durch deine Gebote und uns den Auftrag gabst, das Festlicht zu entzünden.
Mach unser Haus, o Gott, zu einem heiligen Raum durch das Licht deines Angesichts, das uns so freundlich scheint und das uns Frieden bringt.

Alle gehen schweigend zu den Plätzen.

3. Der Lobpreis des Festes.

Der Hausvater spricht:

„Gepriesen bist du, Herr, unser Gott, König des Himmels und der Erde, der du uns auserwählt hast unter den Völkern, der du uns über alle Zungen erhoben hast, der du uns geheiligt hast durch deine Gebote. In Liebe hast du uns gegeben, Gott, Jahreszeiten der Freude, Tage der Ruhe und Zeiten der Fröhlichkeit, diesen Festtag der ungesäuerten Brote, den Tag unserer Freiheit, einen heiligen Tag vor allen Tagen, eine Erinnerung an den Auszug."

4. Der erste Becher Wein

(Zum Gedenken daran: „Ich habe euch herausgeführt unter der Last der Ägypter") Die Becher werden mit Wein gefüllt. Alle nehmen den Becher in die Hand.

Hausvater: „Gelobt seist du, Herr unser Gott, König der Welt, der uns und unsere Väter aus Ägypten erlöst hat und uns diese Nacht erreichen ließ, in welchem wir Mazza und Bitterkraut essen."

Alle: „Gepriesen bist du, Herr, unser Gott, König des Weltalls, denn du hast die Frucht des Weinstocks geschaffen."

Alle trinken; dabei soll der Becher ganz geleert werden, oder wenigstens der größte Teil des Weines. Auch ist es möglich, sich den Becher nicht ganz füllen zu lassen oder für Diabetiker Traubensaft zu verwenden.
Gemäß der Tradition wird der Becher mit der rechten Hand zum Mund geführt. (da die Feiernden auf die linke Seite hin gelehnt, auf Kissen lagerten)

5. Grünes Kraut

„Dieses grüne Kraut soll uns an diese lebensnotwendige Nahrung erinnern. Das Volk Israel mußte in der Knechtschaft der Ägypter darauf verzichten. Wir tauchen dieses Kraut in Salzwasser, um an die Tränen der Israeliten zu erinnern, aber auch an alle Tränen, die in unseren Tagen geweint werden."

Wir halten das Kraut zwischen Daumen und Zeigefinger uns sprechen gemeinsam:

„Gepriesen bist du, Herr, unser Gott, König des Himmels und der Erde, der du die Früchte der Erde geschaffen hast."

Alle essen das grüne Kraut.

6. Brote werden gebracht

Drei Brote (Mazzen) werden hereingebracht. Sie sind in ein Tuch gewickelt. Der Hausvater nimmt ein Brot und spricht:

„Seht, dies ist das Brot der Tränen, das unsere Väter im Lande Ägypten gegessen haben.

Laßt alle, die Hunger haben, zum Essen kommen.
Laßt alle, die Not leiden, kommen und mit uns Ostermahl halten.
Gott erlöse uns von allem Übel und von aller Knechtschaft."

7. Die Hagadah, der Bericht vom Auszug

Zunächst wird der zweite Becher gefüllt, aber noch nicht getrunken. Dann stellt die jüngste Person im Raum die traditionellen Fragen:

- Warum ist diese Nacht anders als alle anderen Nächte?
- Warum essen wir dieses ungesäuerte Brot?
- Warum essen wir bittere Kräuter?
- Warum feiern wir heute abend dieses Passah-Fest?

(diese Fragen bleiben im Raum ohne direkte Beantwortung stehen)

Lesung: Ex. 12ff

Wir hören nun die Geschichte vom Auszug der Israeliten aus Ägypten.

(auch Kurzfassung möglich, bzw. jemand erzählt mit freien Worten die Geschichte)
Gegebenenfalls kann die talmudische Legende angefügt werden, die davon spricht, daß die Engel im Himmel angesichts dieses Wunders den Lobgesang anstimmten. Gott der Herr verweist es ihnen aber streng: „Meine Geschöpfe versinken im Meer und ihr wollt jubeln?"

Israel, den Geretteten ist der Lobgesang gestattet, nicht aber den himmlischen Heerscharen, die keiner Gefahr ausgesetzt sind.
nach Shalom Ben Chorin, Narrative Theologie des Judentums

Abschluß der Lesung:

„Und das ist geschehen um unseretwillen. Und wären wir auch alle voller Weisheit und Verständnis, alt an Jahren und tiefverwurzelt in den Traditionen und Gebräuchen, dann noch müßten wir jedes Jahr diese Geschichte des Auszugs, unseres Auszugs erzählen.

Das Lamm wird hereingebracht.

Alle fragen: Was bedeutet Pesach?

Hausvater:
Pesach bedeutet Osterlamm, das Osterlamm, das geschlachtet

wurde und dem Herrn dargebracht, um der Nacht zu gedenken, in der der Heilige – gepriesen sei sein Name – an den Häusern unserer Väter in Ägypten vorbeiging. (vgl. Ex. 12.26 ff)

Alle fragen: Was bedeutet Mazze?

Hausvater:
Dies ist das Brot der Tränen, das unsere Väter mitnahmen aus Ägypten, wie geschrieben steht: „Vom Teig, den sie aus Ägypten mitgenommen hatten, mußten sie ungesäuerte Brote backen; denn sie hatten keinen gesäuerten Teig, weil die Ägypter sie verjagt hatten, ohne ihnen Zeit zu lassen, Nahrung für die Reise vorzubereiten. (vgl. Ex. 12.39)

Alle fragen: Was bedeuten bittere Kräuter?

Hausvater:
Wir essen Bitterkraut, um daran zu denken, daß die Ägypter das Leben unserer Väter bitter machten, wie geschrieben steht: „So machten die Ägypter die Kinder Israels mit Gewalt zu ihren Sklaven; sie machten ihr Leben bitter durch Schwerarbeit in Lehm und Ziegeln und allerlei Feldarbeit." (vgl. Ex. 1. 13–14)

8. Der zweite Becher

(zum Gedenken daran: „Ich habe euch errettet von der Fronarbeit")
Alle nehmen den gefüllten Becher in die Hand.

Hausvater:
Ein jedermann aus jedem Geschlecht muß sich betrachten, als wäre er persönlich aus Ägypten gezogen. Darum müssen wir ihm, der all diese Wunder für uns und unsere Väter getan hat, danken und ihn preisen, loben und verherrlichen. Er hat uns aus der Sklaverei zur Freiheit geführt, aus dem Elend in die Freude, aus dem Schmerz zu diesem Tag, aus der Finsternis in helles Licht und aus der Unterwerfung zur Erlösung. Darum laßt uns vor ihm ein neues Lied singen.

Alle trinken und stimmen dann in das Hallel ein:
- Psalm 95, oder
- „Kommt herbei, singt dem Herrn" (Gotteslob 270)

9. Feierliche Segnung der Speisen

Hausvater:
Gelobt seist du, Herr, unser Gott, König der Welt, der uns und unsere Väter aus Ägypten erlöst hast und uns diese Nacht erreichen ließ, in welchem wir Mazze und Bitterkraut essen.

Die drei Mazzen werden ausgewickelt, in kleine Teile gebrochen und ausgeteilt. Alle nehmen das Brot in die Hand und sprechen:

„Gepriesen bist du, Herr, unser Gott, König des Himmels und der Erde, der du uns geheiligt hast durch deine Gebote und uns den Auftrag gabst, von dem ungesäuerten Brote zu essen.

Alle essen das Brot. Hier kann auch der Hinweis gegeben werden, daß Jesus beim Abendmahl an dieser Stelle die Einsetzungsworte (dies ist mein Leib) gesprochen hat.

Hausvater:
Laßt uns ungesäuertes Brot mit Bitterkraut zusammenfügen und das als Speise essen, wie geschrieben steht: „Ungesäuertes Brot und bittere Kräuter sollen wir essen."
Die bitteren Kräuter sollen uns an die bitteren Tage unserer Väter erinnern; noch heute sollen uns die Tränen aus den Augen kommen.
Laßt uns Charosseth, den Fruchtbrei essen, der uns an das Leben unserer Väter erinnert, als sie unter Zwang Ziegeln für die Bauten in Ägypten herstellten.

Alle tun etwas Bitterkraut und Chareseth zwischen zwei Stückchen Brot, halten alles zusammen und sprechen:

„Gepriesen bist du, Herr, unser Gott, König des Himmels und der Erde, der du uns geheiligt hast durch deine Gebote und uns den Auftrag gabst, bittere Kräuter zu essen."

Alle essen Brot mit Charoseth und Bitterkraut.

Dann wird das Osterlamm ausgeteilt. Zusammen mit Mazzen und Charoseth wird gegessen. Musik wird dazu aufgelegt.
Das Mahl selbst wird mit dem üblichen Tischsegen beschlossen, dem im allgemeinen der Psalm 126 vorangeht:

„Wenn der Herr die Gefangenen Zions erlöst, werden wir sein wie die Träumenden".

10. Der dritte Becher

(zum Gedenken an: „Ich habe euch erlöst mit ausgestrecktem Arm")
Nach dem Essen wird der dritte Becher eingeschenkt. Alle nehmen den Becher in die Hand.

Hausvater: Gepriesen sei der Herr.

Alle: Der Name des Herrn sei gepriesen jetzt und in alle Ewigkeit.

Hausvater:
Gepriesen bist du, Herr, unser Gott, König des Himmels der Erde, der du die Welt ernährst mit deiner Güte und mit Gnade.

Alle: Gepriesen bist du Herr, der du alle Geschöpfe ernährst. Gepriesen bist du, Herr, unser Gott, König des Himmels und der Erde, der du die Frucht des Weinstocks geschaffen hast.

Alle trinken den dritten Becher

11. Danklied

- Rezitation der Psalmen 115–118, teilweise oder ganz
- Ich lobe meinen Gott (W)
- oder ein anderes Loblied

12. Letzter Segen

Der vierte Becher wird gefüllt, der Becher des Melchisedech.
Mit dem Becher in der Hand sagen alle:

„Gepriesen bist du Herr, unser Gott, der du die Frucht des Weinstocks geschaffen hast".

Alle trinken den vierten Becher.
(zum Gedenken an: „Ich habe euch angenommen")

Hausvater:
Der Herr segne euch und bewahre euch; der Herr lasse leuchten sein Angesicht über euch und sei euch gnädig; der Herr erhebe sein Angesicht auf euch und gebe euch Frieden.

Alle: Amen

Ende des Passah-Festes

Taufe

Ich rufe dich bei deinem Namen

Ausrichtung:	Sakramentenspendung
Einsatz	Aufnahmefeier in die Gemeinde
Zugang:	Einerseits wird immer wieder kritisiert, daß bereits Säuglinge und Kleinkinder getauft werden; andererseits sollen und können Kinder von Eltern nicht ausgeschlossen sein, wenn diese aktiv am Glaubens- und Gemeindeleben teilnehmen wollen. Gerade, weil christliche Werte in unserer Gesellschaft immer weniger selbstverständlich sind und viele Eltern und Paten ihrer Verpflichtung zur Einübung im Glauben nicht nachkommen, wird eine bewußtere „Taufgestaltung" notwendig.

Wir begehren die Taufe

Liebe Gemeinde! Verehrte Gäste der Familie/der Frau/des Herrn N. Wir haben uns zu einer Tauffeier versammelt. Die Eltern N. begehren die Taufe ihres Kindes. (bei Erwachsenen: Frau oder Herr N.N. begehrt die Taufe) Noch stehen sie hinten am Eingang und warten, daß ihr Kind in diese Gemeinde aufgenommen wird.
Wir, diese Gemeinde, werden uns jetzt bewußt, daß wir schon auf den Namen Jesu getauft sind und hereingenommen sind in seine Heilsbotschaft.
Ihr (oder die Kinder) habt euere eigenen Taufkerzen mitgebracht. Kommt nun zur Osterkerze und entzündet das Licht, damit wir zusammen die Gemeinde Jesu sein können, zu der nun N.N. aufgenommen werden will. – Entzünden der Kerzen -
An euch, ihr Eltern und Paten: Was begehrt ihr von unserer Gemeinde?

(Antwort der Eltern: Wir begehren die Taufe unseres Kindes!)

Kommt zu uns und stellt euch in unseren Kreis!

(Alle stellen sich jetzt zum Kreis, bzw. um das Taufbecken, auf. In der Mitte bzw. neben das Taufbecken wird die noch nicht entzündete Kerze des Täuflings gestellt).

Dein Name ist heilig

Das zu taufende Kind bzw. der Erwachsene hat schon einen Namen bzw. dieser wurde schon ausgesucht oder festgelegt. Auf diesen Namen wird es jetzt getauft.

Es folgt eine Beschreibung und Erklärung dieses Namens: Welche Bedeutung hat der Name? Welcher Heilige/welche Person steht dahinter? Was ist uns an diesem Namen wichtig?

Der Täufling bzw. die Eltern teilen dann der Gemeinde mit, daß dieser Name gewählt wurde und daß er/sie auf diesen Namen getauft werden will.

Lesung (nach Jes. 43ff)

Fürchte dich nicht,
denn ich rufe dich beim Namen,
mein bist du.
Gehst du durch das Wasser,
ich bin bei dir,
durch Ströme, sie werden dich nicht überfluten.
Gehst du durch Feuer, du wirst nicht verbrennen,
die Flamme wird dich nicht versengen.
Denn ich, Jahwe, bin dein Gott,
bei mir bist du geborgen.
Fürchte dich nicht, denn ich bin mit dir.
Jeden,
der nach meinem Namen benannt ist,
habe ich zu meiner Ehre geschaffen,
geformt und gemacht.

Taufversprechen

Wer sich auf etwas einläßt oder in eine Gruppe oder Gemeinschaft aufgenommen werden will, hat seine ganz bestimmten Vorstellungen und will auch im Geist dieser Gemeinschaft leben und arbeiten.

Der christliche Glaube besteht aus den Grundwerten, die im Evangelium zu finden sind. Wer zu dieser Botschaft Jesu steht, steht für etwas ein und lehnt andererseits auch das ab, was gegen den Menschen und gegen Gott gerichtet ist. Vor der Taufe, vor der Aufnahme in die Gemeinschaft der Christen erinnern wir uns daran, wogegen wir sind und wofür wir einstehen:

Gegen Haß und Gewalt
– Ja, dagegen wollen wir uns stellen
Gegen Unrecht und Verletzung der Menschenwürde
– Ja, dagegen wollen wir uns stellen
Gegen eine Vergötterung von Geld und Macht
– Ja, dagegen wollen wir uns stellen
Gegen Lüge und Gemeinheit
– Ja, dagegen wollen wir uns stellen
Gegen die Zerstörung der Natur
– Ja, dagegen wollen wir uns stellen

Daß Gott uns seine Liebe niemals entzieht
– Darauf wollen wir vertrauen
Daß Gott stärker ist als die Angst und das Böse in der Welt
– Ja, darauf wollen wir vertrauen
Daß Jesus der Weg, die Wahrheit und das Leben ist
– Ja, darauf wollen wir vertrauen
Daß der Geist Gottes uns zum Guten antreibt
– Ja, darauf wollen wir vertrauen
Daß die Gemeinschaft der Glaubenden uns zu einem menschlichen Leben hilft
– Ja, darauf wollen wir vertrauen

Lied: (nach der bekannten Melodie)
Fest soll mein Taufbund immer stehn,
Gott will ich mich zuwenden.
Ich will die Wege Jesu gehn,
in Liebe mich verschenken.
Lob sei dem Herrn,
der Leben gibt,
es soll in dir sich finden.

Taufe

An dieser Stelle findet der Taufritus der Kirche statt. Wir beschränken uns nur darauf, die Symbole der Taufe einzubringen.

Bei der Liturgie zur Taufe und Aufnahmefeier in die Kirche werden Elemente verwendet, die einen guten Bezug zum Leben haben. Mutter oder Vater waschen das Kind mit Wasser; sie pudern oder ölen es ein, ziehen es schön an und schauen darauf, daß es Licht und Wärme bekommt. Mit diesen drei Symbolen wird nun das Kind getauft.

– Das Wasser ist das Symbol der Reinigung und des Lebens. Mit diesem „lebendigem Wasser" wird an die Quelle erinnert, die für uns Gott ist.

Zusätzlich können Eltern und Paten, aber auch alle, mit der Hand in das Wasser tauchen und den Täufling damit benetzen.

– Das Kind wird mit Chrisam gesalbt zum Zeichen dafür, daß es jetzt zum heiligen Volk Gottes gehört. Hervorgehobene Menschen wurden früher gesalbt und das hieß: Reichtum und Ehre, Leben in Fülle, Frieden und Shalom.

Es besteht die Möglichkeit, daß alle nach der Salbung mit dem Finger in Öl tauchen und damit dem Täufling die Stirne salben.

– Das Kleid verleiht dem Menschen die Würde. Weiß steht für das Leuchten und das Licht; für Klarheit und Ganzheit. Weiß ist eine heilige Farbe und dieses weiße Kleid soll die Würde vor Gott sein und zum Ausdruck bringen, daß man durch die Taufe nun mit Gott als neuer Mensch lebt.

– Du sollst auch Licht auf deinem Lebensweg haben und das Leben anderer hell machen. Du sollst LichtträgerIn sein und dein Licht nicht unter den Tisch stellen. Gott aber selbst ist das Licht und er strahlt in die Herzen der Menschen und in unsere Beziehungen.

(Die Taufkerze wird vom Licht der Osterkerze entzündet.)

Abschlußgebet

Vater,
behüte unser Kind, das du uns anvertraut hast mit deinem göttlichen Segen. Leihe uns die Kraft, so mit ihm und dir zu leben, daß N.N., dich erkennt, Freude findet an dir und sich in deiner Liebe geborgen weiß.
Wir bitten, erhalte unserem Kind das Urvertrauen zu den Menschen, die es lieben und zu dir, der Quelle des Glücks.
Öffne ihm die Augen für den Reichtum des menschlichen Herzens und laß es daraus leben und arbeiten.
Führe unser Kind als Kind Gottes durch die Stürme und Sonnen des Lebens, durch alles Blühen und Verblühen dieser irdischen Welt in das bleibende Haus deiner Vaterliebe.
Laß es dort ankommen. Amen.

Anvertrauungsfeier

Ich traue dich mir an

Ausrichtung:	Anvertrauungsfeier
Einsatz:	Trauung ohne Sakramentenspendung
Zugang:	Das „Sakrament der Ehe“ spendet sich nach Auffassung der Kirche das Brautpaar selbst. Nach geltendem Kirchenrecht können zwei Menschen aber nur unter bestimmten Bedingungen kirchlich heiraten. Ausgeschlossen sind u. a. Geschiedene, Homosexuelle und suspendierte katholische Priester, die der Vatikan noch nicht vom Zölibat befreit hat. Eine Anvertrauungsfeier ist eine Möglichkeit für jene Paare, die mit Gott ihre Ehe leben wollen, aber vom Sakramentenempfang ausgeschlossen sind.

Eingang

Aufruf, sich im Kirchenraum zu treffen.

Gemeinsamer Einzug

Eingang: (mit tanzender Bewegung)

Oh when the saints …
And when the sun begins to shine …
Und wenn die Welt wird wieder neu …
Und wenn man singt Halleluja …
oh on that halleluja day …

Begrüßung (Brautleute)

Allgemeine herzliche Begrüßung

Wie in der Einladung zu lesen war, ist unsere Feier heute keine Trauung gemäß dem katholischen Kirchenrecht. Da der christliche Glaube aber in unser beider Leben eine große Rolle spielt, wollen wir unsere „feste Beziehung“ mit Gott und euch allen in diesem Rahmen feiern. Wir feiern nicht zum Trotz, aber trotzdem!
Wir laden euch ein, von ganzem Herzen mitzufeiern, mitzusingen, mitzugestalten.

Eingangsgebet (z. B. Bräutigam)

Guter Gott, Du liebst das Leben und Beziehung, Du bist ja selber eine Gemeinschaft, die uns die Heimat und vollendete Geborgenheit unseres Lebens vor Augen hält. Zu Beginn dieser Anvertrauungsfeier wissen wir Dich in unserer Mitte: erfülle uns mit Deiner Gegenwart. Darum bitten wir durch Christus, unseren Bruder. Amen.

Einleitung (z. B. Braut)

Wirtschaftliche Ungerechtigkeiten und Ausbeutung, Gefahr von Krieg und Zerstörung, Gott wird mit unpersönlichen Gebeten zum Narren gehalten. Hosea lebte in einer Zeit, die der unseren in mancher Hinsicht ähnlich war. Er war der erste Prophet, der die Zuwendung Gottes zum Menschen mit dem Wort „lieben“ kennzeichnete. Gott sagt gewissermaßen zum Menschen: „Du Mensch und ich Gott – wir sind ein Brautpaar, wenn auf dieser Welt von dir Friede, Gerechtigkeit, Liebe und Erbarmen gelebt wird!“
Gott ist in allen liebenden Beziehungen kein Außenstehender, sondern einer, der die Menschen von innenher zu Frieden, Gerechtigkeit und Bewahrung der Schöpfung antreibt. Das macht uns Hoffnung.

Lesung

Aus dem Buch des Propheten Hosea (2. 20–22)

Spruch des Herrn – Ich schließe für Israel an jenem Tag einen Bund mit den Tieren des Feldes und den Vögeln des Himmels und mit allem, was auf dem Erdboden kriecht. Ich zerbreche Bogen und Schwert, es gibt keinen Krieg mehr im Land, ich lasse sie Ruhe und Sicherheit finden.

Ich traue dich mir an auf ewig; ich traue dich mir an um den Brautpreis von Gerechtigkeit und Recht, von Liebe und Erbarmen, ich traue dich mir an um den Brautpreis meiner Treue: Dann wirst du den Herrn erkennen.

Meditationsmusik

Halleluja

Für alle Menschen, die sich vertrauen und das Leben auf Hoffnung hin bauen, die Mauern abtragen, die Türen öffnen, Begegnung wagen und sich alles sagen.

Für alle Menschen dieser Erde, die sich sehnen, daß Friede werde, Erstarrtes bewegen, das Harte erweichen, die Hände reichen als Versöhnungszeichen.

Für die zwei Menschen, die sich erwählen, sich aufmachen, um Frucht zu bringen: stärke ihren Glauben, mache fest die Hoffnung, vollende die Liebe – mache sie eins in Dir.

Evangelium (z. B. Braut)

Einleitung:
Wie die meisten von euch wissen, ist unser Lebenstraum in einer Art Großfamilie mit Menschen zusammenzuleben, die Halt und Hilfe suchen. Wir wollen die Energie, die aus unserem liebenden Miteinander frei wird, für andere fruchtbar und nutzbar werden lassen.
Das folgende Evangelium ermutigt uns dazu.

Evangelium: Johannes 15 (z. B. Mutter der Braut)
Wie mich der Vater geliebt hat, so habe auch ich euch geliebt. Bleibt in meiner Liebe.

Dies habe ich euch gesagt, damit meine Freude in euch ist und damit euere Freude vollkommen wird.

Nicht ihr habt mich erwählt, sondern ich habe euch erwählt und dazu bestimmt, daß ihr euch aufmacht und Frucht bringt und daß euere Frucht bleibt. Dann wird euch der Vater alles geben, um was ihr ihn in meinem Namen bittet.

Dies trage ich euch auf: liebt einander!

Glaubensgespräch (LeiterIn des Gottesdienstes)

Wir haben zu dem Fest der Anvertrauung jetzt zwei Lesungen aus der Heiligen Schrift gehört. Einige wollen nun sagen, was diese Texte in ihnen an Gedanken und Überlegungen ausgelöst haben, welche Wünsche sie evtl. auch damit für N.N. und N.N., uns alle und diese Welt verbinden.

Gemeinsames Lied: Suchen und Fragen (T)

Feier der Anvertrauung

Kurze Einführung

Segnung der Ringe: (z. B. Vater der Braut)

Herr, wir segnen diese Ringe und bitten dich: Gib, daß N.N. und N.N. in deiner Liebe geborgen sind. Begleite sie auf ihrem gemeinsamen Weg. Laß ihre Beziehung fruchtbar werden für viele Menschen. Laß sie miteinander glücklich sein. Durch Christus, unseren Bruder.

Anvertrauung: (Brautleute)

N.N.: Ich freue mich, daß wir uns begegnet sind. Ich glaube, daß Gott uns zusammengeführt hat.
Ich möchte mein Leben mit Dir teilen, mit Dir lachen und weinen, Dir zuhören und Dir anvertrauen, was mich bewegt. Krisen und Konflikte möchte ich mit Dir gemeinsam aushalten und bewältigen. Aus dieser Kraft des Miteinanders möchte ich offen sein für Kinder, die uns als Weggefährten geschenkt und anvertraut sind und werden.
Mit Dir zusammen möchte ich mitbauen an einer menschlicheren und lebensbejahenden Welt, in der der Wert jedes Menschen und der ganzen Schöpfung geachtet wird.

Überreichung der Ringe

N.N., ich möchte mit Dir leben. Ich bin dankbar für Dich und liebe Dich!
N.N., ich möchte mit Dir leben. Ich bin dankbar für Dich und liebe Dich!

Lied: Wo ein Mensch Vertrauen gibt (T)

Freie Fürbitten und Friedensgruß

Lied und Tanz: Komm, bau ein Haus (J)

Diese Texte hat ein Paar für die eigene Anvertrauungsfeier erarbeitet:
Bernadette und Josef Raischl

Maria

Die Mutter Jesu

Ausrichtung: Andacht

Einsatz: Maiandachten, Marienwallfahrten

Zugang: Eine einfache, fromme Frau sagte einmal im Gespräch: „Meine wirklichen Sorgen kann ich doch keinem Mann sagen!" In der christlichen Religion fehlt die „Göttin"; oder anders: uns ist zuwenig bewußt, daß unser Gott zugleich Vater und Mutter ist; vielleicht sogar weder noch. In der Gestalt der Mutter Jesu haben durch die Jahrhunderte viele das gesucht, was ihnen die von Männern beherrschte Kirche vorenthalten hat.

Stationen

Es war die Zeit vor ungefähr zweitausend Jahren. Im europäisch-asiatischen Bereich tat sich einiges. Besonders das römische Reich hatte sich mächtig ausgebreitet und hielt unter anderen auch ein Land besetzt, daß schon viele tausend Jahre lang in besonderer Geschichte stand: Das Land der Israeliten.

Die Israeliten glaubten fest daran, daß einmal ein Befreier kommt, der dieses geschlagene und immer wieder in Gefangenschaft geratene „Volk Gottes" mächtig erhebt und ganzheitlich befreit. Doch dieser Messias kam nicht, obwohl er immer wieder herbeigesehnt, von Propheten gerufen und Wege bereitet wurden.

Dann ereignete sich in einer kleinen Stadt dieses Landes etwas weltbewegendes. Davon erfuhr aber zunächst fast niemand etwas und das Geschehen blieb auch die ersten Jahrzehnte ganz ohne besondere Beachtung: Eine etwa zwölfjährige junge Frau hatte eine sonderbare Begegnung.

1. Station: Der Engel des Herrn brachte Maria die Botschaft, und sie empfing von dem Heiligen Geist.

a) Hinführung

Den Engeln schenkt man in unserer Kirche keine oder wenig Beachtung. Das hat man inzwischen den Esoterikern und der Filmbranche überlassen. Doch wir alle wissen, daß es Engel gibt. Engel zeigen die Gegenwart und das Wirken Gottes unter den Menschen.
Lukas berichtet vom Engel Gabriel. Gabriel heißt soviel wie „Gott hat sich stark gezeigt". Dieser Engel Gabriel kommt zur zwölfjährigen Mirjam, kündet direkt und unvermittelt das Ankommen des Messias an mit den Worten: „Der Heilige Geist wird dich überschatten".

b) Meditation

Erschrocken und bestürzt warst du, Maria. Von heute auf morgen kam dieser Ein – Fall von oben, daß du ein Kind bekommen solltest. Eine Mitteilung mit der sicheren Überzeugung, daß du dazu die richtige Frau bist. Und alles soll ganz anders sein, als die Menschen es von der Biologie her kennen. Nicht Fleisch sollte das Kind zeugen; nicht der Geist und Wille von Menschen sollten am Werk sein. Gottes Geist brach da herein.
Aber offensichtlich bist du nicht aus allen Wolken gefallen; du kanntest ja die große Sehnsucht deines Volkes nach dem Messias. Aber du warst bestürzt, daß Gott ausgerechnet bei dir einbrechen wollte. Du, die einfache und unbedeutende Frau. Schwanger sein, und nach weltlicher und jüdischer Auffassung auch noch unehelich.

c) Wir beten und singen

Lied: Es ist ein Ros entsprungen (GL 132/33)

Litanei mit Maria
Anwortruf: Wir grüßen dich Maria, unserer Schwester
- Mit dir wurde das Zusammenwirken zwischen Gott und den Menschen sichtbar.
- Mit dir hat Jahwe seine Schöpfung der Erlösung zugeführt
- Mit dir konnte Gott seinen Traum von der Welt einbringen
- Du hast JA gesagt zur Mutterschaft und JA zu Gott

- Das Kind Jesus ist dein Sohn und auch der Sohn Gottes
- Du hast dich in Absprache mit deinem künftigen Lebenspartner dem patriarchalischen Verbot einer außerehelilchen Schwangerschaft widersetzt
- Wir sehen in dir die Repräsentantin von Liebe, Freiheit und Gerechtigkeit
- In dir sehen wir das Urbild des Mütterlichen, das Symbol für das Leben, für Wachstum, Wandlung und Neuwerdung (C.G. Jung)
- Mit dir haben alle Frauen der Welt eine Gefährtin, die Beruf, Karriere und Macht für eine wichtige Sache geben
- Mit dir haben alle entwürdigten und geschundenen Frauen ein Glaubenssymbol für die Menschwerdung und aller Unterdrükkung

2. Station: Siehe ich bin des Herrn Magd, Mir geschehe, wie du gesagt hast.

a) Hinführung

Heute genauso wie vor zweitausend Jahren gilt: Ich lasse nicht einfach etwas durch andere Menschen an mir geschehen, – daß andere mich steuern und mir etwas vor die Füße knallen, ohne mein eigenes Zutun, ohne mich zu fragen!
Doch Maria sagte JA. Sie war einverstanden, daß etwas geschieht, was nach ihrer Lebensauffassung und ihrem Glauben nach Gottes Wille war. Durch dieses JA wurde sie nicht zu einer Frau, die vor Männern, einer höheren Macht und auch nicht vor Gott ohnmächtig und unterwürfig war und sein muß. Im Gegenteil: Mit und durch ihrem guten Selbstwertgefühl war sie bereit, ohne dem Zutun eines männlichen Partners sich am Kommen des Messias zu beteiligen. Es war nicht ihr Verdienst, es war reine Gnade von Gott, der diese jüdische Frau für seinen Erlösungstraum aussuchte und dafür gewinnen konnte.

b) Meditation

Natürlich haben ihr Verlobter, ihre Eltern, die Verwandten und auch die von der örtlichen Standesbehörde gefragt, von wem das Kind sei. Und Maria antwortete wahrscheinlich darauf: Von Gott!
Stellt euch die Gesichter von denen vor, die das gehört haben!

Denkt euch aus, was man dem Josef alles anhängen und zu was man ihn bewegen wollte! Wir können den Versuch unternehmen, uns hineinzuversetzen, was da in einer zwölfjährigen Frau wahrscheinlich vorgegangen ist! Vermutlich keine Gefühle der Beschämung; eher Freude und ein gutes Selbstwertgefühl, weil sie unter vielen Frauen auserwählt wurde. Keine unterwerfende Demut kann man bei Maria finden; ihr jasagender Mut bestand darin, jemand Anderen, Gott, mehr zuzutrauen, als sich selbst.

Maria, du Mutter Jesu, mit dir haben alle Frauen eine Verbündete und eine Schwester.
Im Zusammenwirken zwischen Gott und dir als einer jüdischen Frau hast du Weltgeschichte gemacht. Du hast es möglich gemacht, daß der göttliche, heilige und mütterliche Geist der Welt geschenkt wurde.

c) Magnificat

Maria, du hattest allen Grund, das Loblied auf Gott anzustimmen. Im Wissen, daß du den Erlöser dieser Welt in deinem Leib trägst, konntest du freimütig und wahrscheinlich auch mit etwas Stolz die Psalmen und Gesänge deiner Vorfahren anstimmen, die sich wie du nach dem Messias sehnten.

Meine Seele preist die Größe des Herrn
Heute würdest du singen:
Groß sein läßt meine Seele den Herrn,
weil er an alle denkt und für alle da ist.
Er schaut auf die Armen und Geschundenen,
auf alle Suchenden und Hoffenden.

Auf die Niedrigkeit seiner Magd hat er geschaut
Heute würdest du singen:
Du schaust nicht auf Titel und Macht,
nicht auf Schickerias und First Ladies.
Du sieht das bereite Herz eines Menschen
und auf jene, die dich suchen.

Die Mächtigen stürzt er vom Thron
Heute würdest du singen:
Die Besitz anhäufen, werden leer vor dir stehen,
die Ausbeuter armer Länder beschämt,
die Herrschaft der Männer über Frauen gebrochen.
Erhöhen wirst du, die nach Gerechtigkeit und Wahrheit suchen.

Die Hungernden beschenkt er mit seinen Gaben
Heute würdest du singen:
Kommt, die ihr hungert nach Brot,
die ihr hungert nach einem Wort der Liebe.
Kommt, denn es wird kommen das Leben Gottes in die Welt,
Jesus, der den Hunger nach Heil stillen kann.

3. Station: Das Wort ist Fleich geworden und hat unter uns gewohnt.

a) Hinführung

Eine Frau brachte ein Kind zur Welt und das war besonders auch eine Sache zwischen Gott und Maria. Der inzwischen zum Ehemann angetraute Josef war nur insofern von Belang, als er aus dem Geschlecht Davids stammte und so dem Kind Marias die Rechtsstellung eines „Sohnes David“ geben mußte. Und sogleich kamen Leute ganz unterschiedlicher Ausrichtung und wußten und glaubten, daß dies der Messias sei. Auch die Prophetin Hanna, die sich ständig im Tempel aufhielt, kam auf das Kind Jesu zu und pries ihn als den Erlöser des neuen Jerusalems.

b) Meditation

Der Same Gottes ist eingestreut in diese Welt. Sein Fleisch wohnt unter uns, sein Geist wirkt und die Erlösung findet immer noch statt für alle, die neu geboren werden aus dem Feuer und Geist.
Maria war, ist und bleibt eine Frau aus Israel, die Gott gesucht hat, um zu den Menschen zu kommen und die Göttlichkeit in uns zu wecken.
Nicht alles sehen und glauben wir so, was die Menschen im Laufe der Jahrhunderte aus dir gemacht haben: – eine Königin des Him-

mels – eine Fürsprecherin bei Gott – eine dienende Magd – eine Herrin des Glaubens – eine Pforte des Himmels – eine Nothelferin – ein Vorbild für Enthaltsamkeit.
Wir sehen in ihr vor allem die Mutter Jesu, die in herausragender Weise für das da war, was Gott bei ihr und der Welt suchte.

c) Hymnus

Wir ehren dich Maria, weil Gott, der uns Vater und Mutter ist, dich erwählt hat.

Wir ehren dich Maria, der du uns keine „Dienstbereitschaft für oben", sondern vielmehr eine exemplarische Haltung für einen Christen gezeigt hast.

Wir ehren dich Maria, weil der Heilige Geist mit dir und in dir gewirkt und uns mit dir zur Gemeinschaft der Christen geführt hat.

Wir ehren dich Maria, weil aus dir der Sohn Gottes geboren wurde.

Wir ehren dich Maria und wissen uns mit dir verbunden durch deinen Sohn, der uns alle in Geschwisterlichkeit mit dir, den Jüngern Jesu und allen Menschen verbindet.

Wir ehren dich Maria und sind dankbar für Jesus, der die jahrtausendelange Sehnsucht nach Heil erfüllt hat.

Krankensalbung

Auf daß sie ihn salben mit Öl

Ausrichtung:	Spendung der Krankensalbung
Einsatz:	Im Familienkreis, im Krankenzimmer
Zugang:	Die Krankensalbung wurde bis ins 8. Jahrhundert ohne besondere Form durch alle getauften Christen gespendet und war ein Bestandteil häuslicher Krankenpflege. „Im allgemeinen betonen die frühen Weihegebete mehr die Heilung des Leibes als die geistige Heilung der Seele, ansonsten aber hatte die Salbung mit Öl eine Heilung des ganzen Menschen zum Ziel". (Schlemmer) Trotz kirchlicher Zurücknahme der „Letzten Ölung" wird die Krankensalbung weitgehend immer noch als „Sakrament der Todesnähe", statt einer „christlich-therapeutischen Krankenhilfe" gesehen.

Voraussetzungen

Die Spendung der Krankensalbung soll und kann immer dann erfolgen, wenn ein Mitchrist erkrankt ist. Sie verfehlt jedenfalls die Absicht Jesu und bekommt geradezu einen magischen Charakter, wenn sie erst angewendet wird, wenn die Mediziner nicht mehr weiterhelfen können bzw. wenn man den Kranken schon aufgegeben hat. Immer sind sowohl die menschlichen Zuwendungen, die körperlichen Berührungen, als auch das Beten zusammengenommen für einen Sterbenden ganz wichtig, richtig und notwendig.
Die Krankensalbung jedoch ist kein „Sterbesakrament" und keine „Letzte Ölung", sondern eine „gesundmachende Maßnahme" unter Christen.
Gerade in der heutigen Zeit wird immer mehr bewußt, wie sehr Zuwendung, Berührung und Zuspruch oft mehr aufrichten können als

Pillen und Kuren. So kann die Krankensalbung eine ganzheitliche Anwendung für den Kranken werden, die „vollwertig" zur Heilung führen kann: Durch die Zuwendung der Mitchristen, durch das heilende Öl und durch die Liebe Gottes, die wie das Öl in den Menschen dringt.

1. Was tut not?

Im Besonderen sollte eine gute Umgebung und eine frohmachende Atmosphäre ein- und ausgerichtet werden:

- Was würde jetzt dem Kranken guttun: Herzliche Begrüßung, Erkundungen über das momentane Befinden, Krankenlagerausrichtung, Lichtverhältnisse, ein Glas Wasser…
- Besonders im Krankenhaus können andere Kranke im Zimmer sein, die dieses Geschehen nicht mitvollziehen wollen (!).
- Umstehende/-sitzende Personen: Nervosität, unruhiges Kind, leierhaftes Herunterbeten. Nicht über, sondern mit dem Kranken reden.
- Es könnte sein, daß eine für den Kranken wichtige Person hinzugeholt werden sollte. Zum Beispiel im Krankenhaus der oder die LebenspartnerIn; oder der mit dem Kranken in Spannung lebende Sohn…
- Eine für die Krankensalbung günstige Voraussetzung entsteht auch dadurch, daß man vor der Begegnung mit dem Kranken mit dessen Angehörigen spricht. Die Person des Kranken wird so deutlicher.

2. Versöhnung mit dem Leben

Die Wirklichkeiten und Hintergründe des Kranken werden nach Möglichkeit hergeholt. Der Kranke soll erfahren können, daß die Anwesenden in versöhnender Bereitschaft mit ihm sprechen.
Bei Jak. 5, 15 – 16 lesen wir: „Das gläubige Gebet wird den Kranken retten, und der Herr wird ihn aufrichten; wenn er Sünden begangen hat, werden sie ihm vergeben. Darum bekennt einander euere Sünden, und betet füreinander, damit ihr geheilt werdet." In rechter Weise kann auch „Begegnungshilfe" angeboten werden.

Bei einem Langzeitpatienten oder in einer kritischen Krankensituation können Angehörige und Freunde auch zum Ausdruck bringen, was der Kranke für sie persönlich bedeutet (hat) und wofür sie ihm dankbar sind. Dabei kann es notwendig sein, daß man ganz nah zum Kranken geht, ihm sogar ins Ohr flüstert; die anderen treten dabei etwas zurück.

Es folgt das Versöhnungsgebet. Dieses, wie alle anderen Gebete sollen frei gesprochen werden, da ein Buch oder ein Gebeteszettel Distanz schafft. Beim Versöhnungsgebet kann man dem Kranken die Hände auflegen.

Zum Beispiel:

Gott, wir bitten Dich für (Namen). Du kennst sie/ihn vom Beginn seines/ihres Lebens an und weißt wie niemand sonst um ihre/seine Sehnsucht nach einem erfüllten Leben. Nimm jetzt alle Traurigkeit von N. Laß N. wissen, daß Du für sie/ihn alles zum Guten wendest und nichts Kommendes sie/ihn jetzt ängstigen braucht. Wenn N. Vergangenes belastet, dann laß N. spüren, daß Du Schuld nicht nachträgst sondern ein barmherziger und verzeihender Gott bist.

(– An dieser Stelle kann die Lossprechung erteilt werden –)

Mit N. danken wir Dir für alles Gute, das sie/er in ihrem/seinem Leben erfahren durfte und für alles Gute, das sie/er anderen Menschen – besonders ihrer/seiner Familie, für den Ehemann/Ehefrau...u. a. – getan hat. Gib N. jetzt die Kraft, die sie/er braucht und laß sie/ihn spüren, daß Du mit ihr/ihm bist alle Tage bis ans Ende der Welt, wie Du verheißen hast.
Amen.

3. Wir entzünden eine Kerze

Dazu soll eine Kerze mit einem aufmunternden Motiv gewählt (besser selbst erstellt) werden. Gut dazu eignen sich Oster- bzw. Auferstehungskerzen, auch mit Motiven, die viel Helle und Wärme zeigen, z. B. Regenbogen, aufgehende Blume.
Dazu können etwa folgende Worte gesprochen werden:

„Die Kerze möge Dich, N., und uns daran erinnern, daß Christus Licht und Wärme in unsere Welt gebracht hat. Seitdem gibt es keinen Winkel mehr in unserem Leben, den Christus nicht in sein Licht tauchen kann. Als Du getauft wurdest, N., wurde das Licht der Taufkerze entzündet. In diesem Licht ist Jesus gerade jetzt mit Dir, in dieser schweren Zeit. Er wird alles Dunkle in helle Freude verwandeln."

4. Lesung Jesaja 43,1–3

„Jetzt aber – so spricht der Herr, der dich (Namen nennen) erschaffen hat, und der dich geformt hat: Fürchte dich nicht, denn ich habe dich ausgelöst, ich habe dich beim Namen gerufen, du gehörst mir. Wenn du durchs Wasser schreitest, bin ich bei dir, wenn durch Ströme, dann reißen sie dich nicht fort. Wenn du durchs Feuer gehst, wirst du nicht versengt, keine Flamme wird dich verbrennen. Denn ich, der Herr, bin dein Gott, ich der Heilige Israels, bin dein Retter."

- oder: Ps 23; Ps 103,1–4; Ps 86,1–7;
- oder: „Von guten Mächten wunderbar geborgen" (von Dietrich Bonhoeffer)

(Es kann auch gut sein, dem Kranken einen Gebetstext auf einem Zettel zu hinterlassen.)

5. Salben

Durch das Berühren, durch Massage und Salbungen werden von der Oberfläche aus Kräfte in das Innerste übertragen. (Schnorrenberger). Früher war es selbstverständlich, daß Kranke mit Öl massiert, bzw. gesalbt wurden. Die Wirkstoffe des Öls, die menschliche Zuwendung und die damit verbundene Kraft der Liebe verhilft dem Kranken oft mehr zur Genesung als alle Medizin.
Der Kranke soll diesen Hintergrund wissen und bejahen. Er und die Angehörigen sollen dies unterstützen.
Wenn dem Salböl einige Tropfen Zitrone oder Rose (in Drogerien erhältlich) beigemischt werden, verwandelt sich die Umgebung zu einem Ort mit heilbringender Atmosphäre.

Hinführung zur Salbung am besten frei formulieren, etwa so:

„N.N., in diesem Gefäß befindet sich Chrisam, das heilige Öl. Rieche davon, damit du den Wohlgeschmack erfahren kannst. Mit diesem Öl wollen dir der Bischof und alle Christen sagen, daß du mit eingeschlossen bist in das Gebet, das bei der Weihe des Chrisams gesprochen wurde.
N.N., wir salben deine Stirn und das soll bedeuten, daß Gott alle deine vielen guten Gedanken von Anbeginn her weiß. (alle Anwesenden können diese Salbung bzw. das Kreuzzeichen mit Öl nacheinander vornehmen)
N.N., wir salben deine Hände, mit denen du schon viel gearbeitet und Gutes getan hast. Hier stehen auch (Namen nennen), deine Freunde und näheren Mitmenschen, die dir für alle guten Dienste danken. Auch sie werden dich mit dem Öl der Heilung salben und dir die ganze Liebe Gottes zusprechen."

Gebet zur Salbung:

Durch diese heilige Salbung helfe Dir der Herr in seinem reichen Erbarmen, er stehe Dir bei mit der Kraft des Heiligen Geistes. Der Herr, der Dich von Sünden befreit hat, rette Dich, in seiner Gnade richte er Dich auf.

6. Abschluß der Krankensalbung

Wir stellen uns alle im Kreis auf, eingeschlossen der Kranke, ein eventuell anwesender Arzt und alle Angehörigen. Wir fassen uns bei den Händen und wir packen jetzt alles in das gesprochene „Vater unser": die guten Wünsche für eine Genesung, alle menschlichen Mühsale und guten Erfahrungen, und auch den Dank für diese Feier.

Möglich ist auch das Lied:

Hände, die schenken, erzählen von Gott
Worte, die heilen, erzählen von Gott
Augen, die sehen, erzählen von Gott
Lippen, die segnen, erzählen von Gott

In Zusammenarbeit mit Krankenhausseelsorger Gerhard Auer erstellt

III

Was der Mensch braucht

Lebenspläne, Lebensziele

Vier Dinge braucht der Mensch

Ausrichtung:	Lebensmeditation
Einsatz:	kleiner Kreis, ab 14 Jahre
Zugang:	Es gibt unendlich viele Ideen und Konzepte zur Lebensplanung und zur Gestaltung optimaler Lebensziele. Eine uralte Lebensweisheit soll bei dieser „Lebensmeditation" neu entdeckt werden.

---

1. Einstimmung

Im Raum soll es ruhig werden, alle sollen ganz „ankommen":

„Schenken wir uns eine Minute Zeit, um das von vorher abzuschütteln und um ganz hier zu sein zu können!"

– Pause –

30 Sekunden ruhige, klangvolle Musik

Oft gehe ich stundenlang pausenlos
in meinem Zimmer auf und ab,
ohne zu wissen,
warum ich stundenlang pausenlos
in meinem Zimmer auf und ab gehe.

Und während ich Stunden pausenlos
in meinem Zimmer auf und ab gehe,
ohne zu wissen,
warum ich stundenlang pausenlos in
meinem Zimmer auf und ab gehe,
erkenne ich plötzlich,
daß mein ganzes Dasein
nie etwas anderes gewesen ist

als ein einziges
stundenlanges pausenloses
Aufundabgehen in diesem meinem Zimmer

Gerd F. Jonke

2. Pläne für das Leben

Jeder Mensch entwickelt irgendwann Vorstelllungen und kleine oder große Konzepte für das Leben. Das sind meistens Dinge, die einem wichtig erscheinen und erstrebenswert sind, um sich selbst zu verwirklichen.
Ich möchte einige solche hier auf das Plakat schreiben. Wer mag, kann solche Lebensaufgaben, wichtige Ziele für sein Leben nennen.

Ich danke für alle Ergebnisse. Ich denke, daß alle wichtig und richtig sind. Ich möchte vier davon herausgreifen bzw. hinzufügen, die von einer alten Weisheit stammen und die sicher alle schon einmal gehört haben. Es sind:

Ein Haus bauen,
einen Baum pflanzen,
ein Kind zeugen
und ein Buch schreiben.

Oft sind mir diese Lebensziele ganz eigenartig erschienen. Aber je mehr ich mich mit diesen lebensphilosophischen Forderungen beschäftigt habe, desto mehr habe ich die guten und wertvollen Lebenspläne darin entdeckt. Ich möchte euch dazu einladen, mit mir diese herzuholen.

3. Meditation der vier Lebensziele

In der Mitte des Raumes ist ein kleines Podium (oder Tisch) aufgebaut. Eine Tischdecke wird aufgelegt und eine brennende Kerze aufgestellt.

A. Ein Haus bauen

Ein Haus bauen heißt, sich irgendwann einmal im Leben eine geistige Heimat suchen. Eine Heimat oder Richtung, wo man sich dazugehörig fühlt. Für die einen kann das eine politische Richtung oder eine Glaubensgemeinschaft sein; für andere eine besonderere Beschäftigung oder die Mitgliedschaft bei Greenpeace, ai oder einer Hobbygruppe.

Ein Haus bauen meint also nicht unbedingt das Haus, in dem man wohnt, sondern das Nest, darin man sich wohlfühlt.
Als Symbol für das Haus lege ich nun Brot und einen Becher Wein in die Mitte. Das soll uns an Haus und Heimat erinnern.

B. Einen Baum pflanzen

Dahinter steckt die Idee, etwas zu tun, damit Leben in unsere Natur kommt. Nicht nur von den Früchten der Bäume essen oder Holz für den Kachelofen holen, sondern auch Sorge tragen, daß sich die Schöpfung nicht erschöpft.
Deshalb wollen Kinder gerne eine Blume einpflanzen und dieser zum Wachstum verhelfen. Deshalb pflanzen nicht nur Polikter bei besonderen Ereignissen symbolhaft Bäume. Deshalb bekommen oft Brautpaare einen jungen Baum geschenkt.

Ich stelle einen kleinen Baum in die Mitte als Symbol für das Leben und die Lebenserhaltung.

C. Ein Kind zeugen

Manchmal sagen Jugendliche oder junge Ehepaare: „Ich kann es nicht verantworten, ein Kind in die Welt zu setzen!" Oder: „Ich habe erlebt, wie Kinder durch schlechte Erziehung Nachteile hatten. Ich habe Angst vor der Erziehung von Kindern!"
Auch GruppenleiterInnen und Vorgesetzte in Arbeitsgruppen tun sich nicht selten schwer, andere in eine gute Lebensrichtung zu führen. Doch wer es wagt und wer es schafft, hat viel gewonnen. Einen Menschen erziehen ist eine der größten Lebensaufgabe in dieser Welt. Das kann mehr Wert und mehr Sinn haben, als Karriere, Ansehen und Geld.

Ein Kind zeugen geht also weit über das rein Biologische mit zeugen, empfangen und gebären hinaus. Es meint, den Kindern und Jugendlichen einen guten Platz in dieser Welt geben, ihnen eine lebenswerte Zukunft bereiten.

Ich lege ein Lernspiel in die Mitte als Symbol für das Entstehen neuen Lebens und für ein gutes Heranreifen.

D. Ein Buch schreiben

Ein bedeutender Philosoph hat einmal gesagt, ein Schriftsteller sollte nur ein einziges Buch im ganzen Leben schreiben. Bei weiteren Werken schreibt er nämlich doch immer wieder dasselbe wie beim ersten. Etwas Wahres ist dran: Ein Simmel beispielsweise oder Konsalik schreiben im Prinzip immer dasselbe. Auch ein Drewermann und ein Karl May.
Mit dem Anspruch „ein Buch zu schreiben“ ist gemeint, daß man das festhalten soll, was einem im Leben wichtig ist, – oder wichtig geworden ist. Das wird dann das Buch, das persönliche Buch deines Lebens.
Ich habe mir seit einigen Jahren ein Leerbuch zugelegt. In dieses Buch schreibe ich alles, was mir im Leben wichtig ist, was ich tun will und wozu ich mich weigere.
Da steht z. B. drin, daß ich grundsätzlich keine anonymen Briefe annehme; oder daß ich vor dem unsinnigen Donnerstag keine Faschingsverkleidung anlege; oder daß ich aus Energie- und Umweltgründen nur saisonbedingte Salate und Obst esse; oder in der Regel nur Bier trinke, das aus Brauereien der Umngebung stammt; daß ich die für mich unchristliche Anrede „Hochwürden“ nicht ausspreche oder in Gremien nur mitarbeite, wenn ich auch mitentscheiden kann.
Es geht um mein Lebenskonzept. Man soll sein Buch schreiben! Das Buch mit den persönlichen und grundlegenden Lebensausrichtungen.

Als Symbol dafür lege ich ein ungeschriebenes Buch in die Mitte.

4. Ausklang

Stille, Musik

Möglichkeit:
Kärtchen liegen bereit. Wer mag, kann bis zu vier Kärtchen mit den für ihn wichtigen Lebenskonzepten beschriften.

Lob

Lob stimmt immer!

Ausrichtung:	Lob-Forum
Einsatz:	Lebensmeditation, Früh- oder Spätschicht
Zugang:	Es fällt schwer, aus vollem Herzen zu loben. Tadeln und kritisieren fällt uns leichter; wenn etwas gut gemacht wurde, schweigen wir oft. Und schließlich: Wer getraut sich schon, sich selbst zu loben?

---

1. Eine Geschichte, die wir alle kennen

Weil es niemand machen wollte, hat sich Martina bereiterklärt, die Gesprächsrunde zu leiten. Es war nicht einfach für Martina, zumal ziemliche Disziplinlosigkeit herrschte. Trotzdem hat Martina etwas vorwärtsgebracht und es kamen dabei auch gute Sachen heraus. Dann saß man noch in gemütlicher Runde zusammen.
Es wurde gelacht und Neuigkeiten wurden ausgetauscht. Jemand begann, Witze zu erzählen.
Martina saß dabei und lachte mit. Aber ihre Gedanken und ihre Gefühle waren noch ganz bei den Vorgängen von vorher.
Weil wir sicher alle schon einmal in einer solchen Situation waren, können wir jetzt auch sicher gut erraten, was in Martina vorging und welche Gedanken ihr kamen.
Wer mag aussprechen, wie sich Martina gefühlt und was sie sich vielleicht gedacht hat?

- Es war doch gut, ich habe mich ziemlich gut geschlagen! (Eigenlob)
- Ich habe Bammel davor, daß jetzt gleich irgendwer, oder morgen hintenherum etwas daran zu kritisieren hat. (Angst vor Nichtanerkennung)
- Ich wäre froh, wenn mir jemand etwas nicht so Geglücktes in einer guten Weise sagen würde. (helfende Kritik)

- Es würde mich ganz stark aufbauen, wenn mich gerade jetzt jemand für meine doch gute Gesprächsleitung loben würde (Lob)

2. Eigenlob stimmt

Eigenlob stinkt nicht, wie es das Sprichwort zum Ausdruck bringen will! Was wir nicht mögen und was die ganze Sache anrüchig macht, ist das Eigenlob, das nicht stimmt oder übertrieben ist. Doch auch in diesen Fällen können wir entdecken, daß nur ein Suchen nach Anerkennung dahintersteckt. So gesehen kann man sagen: Wer angibt, hat es nötig, d. h. es ist not-wending; es besteht eine Not, die darauf wartet, gewendet zu werden.
Eigenlob stimmt also immer, wenn es stimmt! Jede und jeder von uns könnte sich daher jetzt fragen: Wann habe ich mich zum letzten Mal selbst gelobt?
Es besteht hier in diesem vertrauten Kreis die Möglichkeit, an sich selbst zu denken und das herzuholen, was an mir lobenswert ist. Der Satz könnte beginnen mit: „Ich lobe mich selbst, weil ich neulich..." Wenn dafür Zustimmung besteht, kann auch die Person, die etwas ausgesprochen hat, eine andere Person im Kreis nennen, die mit dem Eigenlob weitermachen soll.

3. Impulse zum Weiterdenken

Hast du schon einmal deinen Arzt gelobt, weil er die richtige Diagnose stellte und das verschriebene Medikament Heilung brachte?

Hast du schon einmal deinen großen Bruder gelobt, weil er dir den Vortritt ins Bad ließ, als du es eines Morgens sehr eilig hattest?

Hast du schon einmal öffentlich eine oder einen PolitikerIn gelobt, weil er oder sie sich für etwas eingesetzt hat, was dir wichtig war?

Hast du schon einmal einen Menschen gelobt, den du nicht ausstehen kannst?

Hast du schon einmal deinen Lehrer oder Arbeitskollegen gelobt, wenn er oder sie sich um dich bemüht hat?

Hast du schon einmal jene gelobt, die dein Leben geschaffen haben und lebenswert machen?

4. Lob-Psalm an die Menschen

Es gibt viele Psalmen, Gebete und Lieder, in denen Gott gelobt wird. Das ist alles sicher richtig und wunderbar. Heute wollen wir einmal den Menschen loben. Dazu nehmen wir den Psalm 150 als Grundlage. Zunächst lesen wir den Psalm in seiner Originalform:

Halleluja!
Lobet Gott in seinem Heiligtum,
lobt ihn in seiner mächtigen Feste!
Lobt ihn für seine großen Taten,
lobt ihn in seiner gewaltigen Größe!
Lobt ihn mit dem Schall der Hörner,
lobt ihn mit Harfe und Zither!
Lobt ihn mit Pauken und Tanz,
lobt ihn mit Flöten und Saitenspiel!
Lobt ihn mit hellen Zimbeln,
lobt ihn mit klingenden Zimbeln!
Alles, was atmet,
lobe den Herrn!
Halleluja!

(Wer mag, kann sich jetzt in Gedanken einen Menschen herholen, dem er den „Menschen-Psalm“ widmen will)

Du bist wirklich gut!
Du bist ein Mensch mit guter Ausstrahlung,
ein Mensch mit einem festen Willen zu einem guten Leben!
Ich weiß viele gute Taten von dir,
die viel zu wenig Anerkennung und Lob dir brachten!
Wir, deine Mitmenschen und ich,
wir sagen dir heute, daß du vieles gut machst!
Wir sagen dir es ohne Neid,
ohne Falschheit und Schleimerei!
Wenn du unter uns bist,
wenn wir mit dir reden, lachen oder singen,

freuen wir uns mit dir!
Alle, die mit uns atmen,
loben dein Dasein unter uns.
Du bist wirklich gut!

5. Tagesaufgabe

Ich möchte jetzt noch eine Idee ausgeben, die gleich hernach oder noch am heutigen Tag von jeder und jedem Anwesenden selbst in die Tat umgesetzt werden könnte: Ich denke nach, welcher Person ich heute noch Lob zusprechen kann. Vieleicht ist das nach diesen gemachten Erkenntnisssen viel leichter möglich. Aber auch in den Stunden danach kann das geschehen, wenn ich mir schon jetzt überlege, wem ich ein Lob sagen will.

Gemeinschaft

Den Geist der Gemeinsamkeit entflammen

Ausrichtung:	Spiel – Utopie
Einsatz:	Jugendvesper, Besinnungstage, Früh-/Spätschicht
Zugang:	Von Anfang an muß jeder Mensch dafür sorgen, daß er nicht zu kurz kommt. Alle schauen meistens zuerst auf sich und sind vorsichtig, wenn ein neues Miteinander probiert werden soll.

Einladung

20 bis 30 Leute sind auf eine unbewohnte Insel ausgewandert. Wir versetzen uns in diese Lage. Wer mitspielen will, ist dazu herzlich eingeladen.
Alles deutet darauf hin, daß diese Insel demnächst von einer katastrophalen Sturmflut heimgesucht wird. In beschränktem Umfange steht Baumaterial zur Verfügung. Wir gehen davon aus, daß die einen über dieses Material verfügen, und die anderen nicht.
Dazu wäre es jetzt notwendig, daß die baumaterialbesitzenden Leute auf der einen Seite stehen und die andere Hälfte auf der gegenüberliegenden Seite des Raumes. Als Baumaterial nehmen wir die Einrichtungsgegenstände in diesem Raum. (zum Beispiel Meditationskissen: die einen haben je zwei pro Person zur Verfügung, die anderen keine. Oder: Tische, Stühle und dergleichen)
Es kann losgehen!

Verlauf

1. Phase: Beratungen

Wahrscheinlich werden auf beiden Seiten zunächst Beratungen stattfinden. Die Gruppe ohne Baumaterial wird wahrscheinlich versuchen, von den anderen in die Sicherheitsvorkehrungen mit einbezogen zu werden. Die Gruppe mit dem „Baumaterial“ wird verstärkt Überlegungen treffen, wie sie sich am besten vor der Sturmflut schützen kann.

2. Phase: Auseinandersetzung

Es kann sein, daß die Gruppe mit dem „Baumaterial“ auf die andere Gruppe zugeht, oder die Absicht verfolgt, daß alle in gute Sicherheit kommen. Es kann aber auch sein, daß die Erkenntnis nach dem Motto heranreift: „Rette sich, wer sich retten kann!“
In der anderen Gruppe erwachen Ängste. Vielleicht werden Vorschläge an die baumaterialbesitzende Gruppe gegeben; oder Überlegungen nach einer gezielten Aktion angestellt.

3. Phase: Aktionsphase

Wenn die einen mit dem Bau von „Türmen“ oder ähnlichem beginnen, werden die anderen möglicherweise aggressiv bis hin zum „Angriff“. Besser wäre es, beide Seiten würden miteinander optimale Lösungen überlegen.

4. Phase: Einsichten

Kommt es zum Streit oder zum „Sturm“, so ist das Gespräch angesagt: Wie ist es jenen ergangen, die bedrägt/erstürmt/beneidet wurden? Ist ein dauerhafter Erfolg oder Friede möglich, wenn die einen etwas haben oder tun und andere im Nachteil sind?

5. Phase: Lösungen

Im Falle eines unbefriedigenden Verlaufs soll eine Wiederholung angestrebt werden. Die Leitung könnte gegebenenfalls auf der einen oder anderen Seite aktiv mitwirken.
Es gibt wahrscheinlich mehrere gute bzw. optimale Lösungen. Eine könnte sein, daß mit dem bestehenden „Baumaterial“ ein Ringwall gebaut wird und sich dann alle eng aneinandergereiht hineinsetzen, um der Sturmflut miteinander zu entgehen.

Gemeinsam beten

Ich kann allein beten und das kann ein guter Dialog, ein Hören oder eine Einfühlung in Gott sein. Miteinander beten bringt mir die Gewißheit, daß ich nicht allein bin im Suchen und Ringen nach Erfüllung und Sinn, nach der Wahrheit und einem guten Miteinander.

- Fürbitten oder Wünsche für ein gutes Miteinander werden ausgesprochen.
- Wir machen eine Handkette (evtl. mit gekreuzten Händen) und beten gemeinsam das Vater unser.
- **Lied:** Wenn du singst, sing nicht allein (T)
  Oder: Wenn einer alleine träumt (T)

Abschluß

MITEINANDER REDEN UND LACHEN SICH GEGENSEITIG GEFÄLLIGKEITEN ERWEISEN ZUSAMMEN SCHÖNE BÜCHER LESEN SICH NECKEN DABEI ABER AUCH EINANDER SICH ACHTUNG ERWEISEN MITUNTER SICH AUCH STREITEN OHNE HASS SO WIE MAN ES WOHL EINMAL MIT SICH SELBST TUT MANCHMAL AUCH IN DEN MEINUNGEN AUSEINANDERGEHEN UND DAMIT DIE EINTRACHT WÜRZEN EINANDER BELEHREN UND VONEINANDER LERNEN DIE ABWESENDEN SCHMERZLICH VERMISSEN DIE ANKOMMENDEN FREUDIG BEGRÜSSEN LAUTER ZEICHEN DER LIEBE UND GEGENLIEBE DIE AUS DEM HERZEN KOMMEN SICH ÄUSSERN IN MIENE WORT UND TAUSEND FREUNDLICHEN GESTEN UND WIE ZÜNDSTOFF DEN GEIST IN GEMEINSAMKEIT ENTFLAMMEN SO DASS AUS DEN VIELEN EINE EINHEIT WIRD AUGUSTINUS BEKENNTNISSE

Anerkennung

Ich will ankommen

Ausrichtung:	Adventsmeditation
Einsatz:	Adventsfeier bzw. -wortgottesdienst, Spätschicht
Zugang:	Alle Menschen wollen ankommen: zu den selbst gesetzten Zielen, bei anderen Menschen. Auch Gott will bei uns ankommen. Wir nennen daher die Adventszeit „Ankunft“.

Einstieg: Ich will ankommen

Wer will ankommen und wo?
Ich bei mir selbst?
Ich bei FreundInnen und anderen?
Du bei mir, ich bei dir.
Der Lehrer bei den Schülern,
die Neue in der Klasse,
der Opa bei den Enkelkindern,
der Aufreißer in der Disco,
die Schöne mit der neuen Frisur,
der Werbespot am Geldbeutel,
der Wahlredner für die Stimmenvergabe,
Gott bei dir und mir.

Draußen vor der Tür

Die Teilnehmer werden zu einem Ort gebeten, der ziemlich unwirtlich erlebt werden soll: im Hinterhof, in einem ungepflegten Raum. Wir fühlen uns ein, schauen und erfahren den Ort, an dem wir nicht bleiben möchten. Wer mag, kann seine Empfindungen zum Ausdruck bringen: Wir spüren die Kälte, den Wind oder die

Nässe; wir nehmen den ungastlichen Raum wahr; wir distanzieren uns bewußt räumlich von den Mitmenschen, um die Distanz und Unnahbarkeit zu spüren.

Ankommen

Wir alle wollen nicht hier bleiben, wir wollen an einem Platz sein, der uns Wärme und eine gute Athmosphäre vermittelt. Wir haben einen Raum freundlich und behaglich vorbereitet. Ich lade alle dazu ein, in diesen Raum zu kommen: langsam und Schritt für Schritt, dabei in mich hineinspürend. Welche Erwartungen steigen auf? Wie zeigt sich in mir die Sehnsucht nach Wärme und Geborgenheit?

Geschichte: Der starre Künstler

Ein Künstler steht in der Fußgängerzone und zeigt seinen Zuschauern pantomimische Faszinationen. Man könnte meinen, eine Statue vor sich zu haben, so unbeweglich und starr harrt der Mann aus. Kommt jedoch jemand ihm näher und wirft ihm ein Geldstück in den kopflastigen Hut, zeigt der Künstler eine kurzzeitige, freundliche Bewegung, um dann wieder bis zum nächsten Mal zu erstarren.
Ein Kind geht nach vorne. Es hält die Münze fest in der Hand. Der Starre wartet in seiner Unbeweglichkeit, bis endlich die Münze in den Hut gelegt wird. Aber das Kind wirft keine Münze, es starrt den momentanen Publikums-Star ins Gesicht.
Es bleibt dem Künstler nichts anderes übrig, als seine vorstrukturierte Rolle aufzugeben. Seinem Gesicht entweicht ein Lächeln, er löst sich aus seiner Starrheit und hält dem Kind die Hand entgegen. Das Kind legt die Münze in seine Hand und das Publikum klatscht. Ein Mensch ist angekommen!

Abschlußgedanken

Alle Menschen wollen angesehen werden. Wer von einer wichtigen Person angesehen wird, ist angesehen!
Hinter den allermeisten Dingen, nach denen die Menschen trachten, steht das Bedürfnis nach Anerkennung, nach Geltung und Ehre. Alle Menschen wollen ankommen und Beachtung finden.
Wir sind mit unserem Zielen gar nicht so weit weg von dem, was Gott bei uns will: Auch er will bei uns ankommen.

Entspannung

Auslassen

Ausrichtung:	Meditationsgottesdienst
Einsatz:	Vesper vor Urlaubsbeginn oder Schuljahresende, Abschluß einer wichtigen Aufgabe
Zugang:	Es ist schwer, etwas loszulassen; das Seil auslassen, um auszuspannen oder sich von etwas zu trennen. Ob dabei nicht die Angst mitspielt, übergangen und ausgelassen zu werden?

1. Lied: Laß die kleinen Dinge (T)
Meine engen Grenzen (W)

2. Impulse

Es gibt eine Zeit zum Arbeiten und es gibt eine Auszeit; es gibt eine Zeit der Anspannung und eine Zeit des Auslassens. Wir wollen heute das „auslassen" in den Mittelpunkt unserer Feier stellen. Jeder von uns hat sich einen Platz gesucht, einen Stuhl besetzt. Dieser Stuhl kann Symbol dafür sein, daß ich immer meinen Platz ausfüllen und immer am Ball bleiben muß. Ich lade dazu ein, diesen Stuhl einfach zu verlassen, einfach etwas loslassen, etwas aus – lassen: Geht von diesem Stuhl weg zu einem anderen, damit wir alle nachvollziehen können, was es heißt: auslassen.

3. Geschichte: Zurückgelassen

Zwei Mönche waren abends auf dem Heimweg ins Kloster. Am Flußufer trafen sie ein hübsches junges Mädchen, das verzweifelt nach einem Weg über den Strom suchte. Ohne lange zu fackeln, nahm der eine Mönch sie in die Arme und trug sie über die Furt. Drüben setzte er sie ab und ging weiter.
Das gab seinem Gefährten zu denken. Stundenlang grübelte er über das Benehmen seines Freundes nach, bis er sich schließlich an ihn wandte und sagte: „Du weißt doch, daß die Mönchsregeln uns streng verbieten, auch nur in der Nähe einer Frau zu verweilen, besonders wenn sie jung und hübsch ist. Wie konntest du dieses Mädchen nur so einfach auf die Arme nehmen?
Erstaunt dreht sich der andere um und sagte: „Trägst du sie den immer noch? Ich habe sie am Fluß zurückgelassen!"

Ein Zenmeister

4. Lied: Meine engen Grenzen (W)

5. Wir üben das „auslassen"

Irgendwann muß der Schütze den Pfeil loslassen, denn eine dauernde Anspannung würde den Bogen die Spannung nehmen.
Wir probieren dieses „auslassen" bei uns selbst.
Wenn man dazu die Augen schließt, kann man sich noch besser einfühlen.
Kräftig die Hände zu Fäusten ballen. Eine Zeitlang aushalten. Fest anspannen und die Spannung spüren.
Jetzt auslassen, das Loslassen spüren und sich einfühlen in die Phase des Ruhens.

Mir geht es nicht selten so, daß ich von einer Sache schon lassen möchte, aber andere lassen mir das nicht tun. Sie lassen mich nicht los, sie lassen mich nicht gehen.

Wer das nachvollziehen möchte, ist dazu herzlich eingeladen. Es sollen sich immer zwei zusammentun und sich gegenüberstellen.

Vereinbart, wer festhalten und wer loskommen will. Probiert das: ich möchte, daß du mich ausläßt!

Noch eine Variante des „auslassens“ gibt es: Ich stelle mir vor, ich habe Urlaub und ich habe auch deutlich gemacht, daß ich nicht gestört werden will. Dann aber gibt jemand im Betrieb ein Fest und ich werde dazu nicht eingeladen. Ich habe losgelassen und ich erfahre, daß ich dabei ausgelassen werde.

Ich teile nun eine kleine Süßigkeit aus. Dabei werde ich zwei Personen übergehen – sie auslassen. Diese zwei, aber auch wir alle anderen können uns dabei einfühlen und die Bitterkeit erfahren, wenn man ausgelassen wird.

(nach der Übung bekommen die zwei liebevoll die Süßigkeit nachgereicht)

Pause, Schweigen

6. Gebet

Einleitung:

Ein Kahn kann nicht fahren, wenn ein einziges Tau ihn noch ans Ufer bindet. Ein Fesselballon kann sich nicht erheben, wenn ein einziges Seil ihn am Boden hält. Der Vogel kann nicht fliegen, wenn ein Flügel gebrochen ist. Der Mensch kann nicht frei sein, wenn er sich an die Dinge des Tages bindet.

Alle: (abwechselnd)

Ich möchte gerne frei sein von meinen Ängsten,
um frei zu werden für meine Hoffnungen.

Ich möchte gerne frei sein von meinen Zwängen,
um frei zu werden für meine Aufgaben.

Ich möchte gerne frei sein von meiner Ichsucht,
um frei zu werden für meine Liebe.

Ich möchte gerne frei sein von meiner Sattheit,
um frei zu werden für meinen Hunger.

Ich möchte gerne frei sein von meiner Bequemlichkeit,
um frei zu werden für soziales Handeln.

Ich möchte gerne frei sein vom Konsum der Welt,
um frei zu werden für das Leben.

Ich möchte gerne frei sein vom Ballast des Alltags,
um frei zu werden für den „Tag des Herrn".

Fundort unbekannt

Selbsterkennung

Ich bin ein Regenbogen

Ausrichtung:	Regenbogenmeditation
Einsatz:	Besinnungstage, Selbsterfahrungsgruppe
Zugang:	Zu den dringlichsten Fragen, die sich jeder Mensch immer wieder stellt, zählen Fragen, wer und wie ich selbst bin und was andere von mir halten. Je mehr ein Mensch dazu Antworten und Einschätzungen bekommen hat, desto mehr Sicherheit kann daraus erwachsen.

Vorbereitungen und Voraussetzungen

Über die Ausrichtung dieser „Regenbogenmeditation“ sollen vorher alle gut informiert werden. Wer das (vielleicht momentan) nicht mag, soll die Möglichkeit haben, fernzubleiben.
Ein großer Raum ist dazu nötig. Eventuell mit Teppichboden und einladender Atmosphäre.
Die „Regenbogenfarben“ sollen als ca. 15 cm breite und mindestens 5 Meter lange Stoff- oder Papierbahnen zur Verfügung stehen; ebenso die entsprechende Musik.

1. Traumreise ins Regenbogenland

Ich möchte euch jetzt in das Regenbogenland führen. Dazu ist es notwendig, daß sich alle in diesem Raum einen Ort suchen, der paßt. Man kann sich auf den Boden legen oder auch bequem auf einem Sessel Platz nehmen.
Für diese Reise müssen wir ganz frei sein. Wir atmen tief und frei und schließen die Augen, damit wir ganz bei uns sein können.
Es wird gesagt: Wer es schafft, zum Regenbogen zu kommen, fin-

det einen Korb voll Gold. Der Regenbogen ist nicht greifbar; er ist irgendwie eine Verbindung zwischen Himmel und Erde; zwischen dem Unbegreiflichen und dem, was wir begreifen können.

Wir wissen wahrscheinlich alle miteinander nicht genau, wie man zum Regenbogen kommt. Wir müssen einfach aufbrechen, uns ganz fest vornehmen, zu ihm zu kommen.
Wir schweben durch die Luft. Wir fliegen: über Häuserdächer und Städte, über Waldlandschaften und Wasser. Wir sind im Meer der Himmel; an einem Ort, an dem Regen, Sonne und Wind zusammengehören. An dem Ort, an dem der Regenbogen zuhause ist.
Du schaust in den Regenbogen. Er ist wunderbar und seine Farben leuchten dir entgegen: rot – orange – gelb – grün – blau – indigo – violett. Sieben Farben hat der Regenbogen. Dir gefallen wahrscheinlich mehrere oder vielleicht alle im Zusammenspiel. Doch eine Farbe wird dich sicher am meisten anziehen.

2. Deine Regenbogenfarbe

Wir haben hier im Raum die sieben Regenbogenfarben ausgebreitet, als Regenbogen gelegt. Wenn du jetzt deine Traumreise auf diesen von uns gelegten Regenbogen verlegst, dann kannst du zu der Farbe deiner Wahl gehen.
Ich lade euch ein, die Augen zu öffnen. Schaut euch die Farben auf diesem gelegten Regenbogen an und stellt oder setzt euch auf oder zu der Farbe, die zu euch paßt. Ich sage jetzt schon, daß man später und immer wieder die Farbe wechseln kann, wenn man will.

Alle sollen sich zu der Farbe ihrer Wahl begeben.

Du hast eine Farbe gewählt. Meistens ist es so, daß einem vorwiegend diese oder jene Farbe gefällt, aber durchaus auch eine andere gern mag. Aber jetzt hast du dich einmal für diese eine Farbe entschieden. Wir bringen dir mit Impulsen und der passenden Musik Informationen und Hintergründe zu deiner Farbe. Wenn du nachher wechseln willst, dann kannst du das immer noch tun.

Wir beginnen mit der Farbe rot.
(siehe nachstehende Tabelle)
Höre jetzt die Musik, die für rot steht.

Regenbogenfarben

	Zentrales Thema	Symbol	Menschen wollen:	Chancen u. Gefahren	Steht für
rot	Erregung	Macht u. Autorität	Mitmischen u. gestalten. Kraft zeigen und Wärme bekommen.	Stärke u. Gesundheit. Wahre Gefühle verstecken. Ärger, Unruhe	rote Rosen Lebenskraft Sexualität Leidenschaft
organge	Toleranz	Wissenschaft u. Forschung	sich sozial engagieren. Freude am Menschen, nicht im Rampenlicht stehen	Scharfe Denker mit viel geistiger Kraft. Auch unzufrieden	Lebhaftigkeit u. Offenheit. Angstlosigkeit u. Unruhe
gelb	Lösung	Glanz u. Licht dieser Welt	Abenteuer u. Selbst-erfüllung. Hohe Ideale	Heitere u. gescheite Person. Aus-geprägter Geschäfts-sinn. Angst vor Verlust. Neid. Von sich einge-nommen. Eigensinnig	Suchen nach Schutz (auch Warn-lampen u. Segelkleidung sind gelb) Untersterb-lichkeit. Sonne
grün	Festigkeit	Balance u. Hoffnung. Harmonie durch Konflikte	Gemein-schaft, nicht im Mittel-punkt stehen. Prestige	Offen. Hohe Moral, Angst vor Enge u. Behinderung	Harmonie, Selbstbe-hauptung. Natur u. Wiese, Heimat u. Neuanfang
blau	Ruhe	Hingabe, Vertrauen, Verehrung, Vernunft, Wahrheit	Streben nach Zufriedenheit u. Geborgen-heit, Abstand suchen u. Einsamkeit	Spüren oft Leere u. Unter-kühlung, oft feststehende Ansichten. Geduldig	Treue. Reinheit u. Klarheit des Himmels

Regenbogenfarben

	Zentrales Thema	Symbol	Menschen wollen:	Chancen u. Gefahren	Steht für
indigo	Weisheit	höhere Ordnung	Sich u. andere heilen, weg von dieser schmutzigen Welt. Ereignisreiches Leben	Sind witzig u. charmant, stolz	Künstlertum u. Eitelkeit. Jeansfarbe
violett	Geheimnis	Symbol für Mittelwert zwischen Himmel u. Erde. Symbol der Zauberer, Magier u. Mystiker	Suchen tiefen Sinn. Abgesetzt von Masse. Sensibel. Einfühlung u. Weiblichkeit	Spiritiuelle Menschen. Reiches Innenleben. Wehmut, Wache, Zärtlichkeit	Leidenschaft u. Intelligenz. Liebe u. Weisheit. Farbe der Frauenbewegung

Verwendete Literatur:

Rudolf Gross, Warum die Liebe rot ist, Düsseldorf und Wien, 1981
Christa Muths, Farb-Therapie, München 1989

Musikvorschläge:

rot	Intro v. Rainhard Fendrich, Componist: Christian Klonivits
orange	Dreamland, R. Anselm/B. Rehmann
gelb	Tuxedo Junction (Hawins/Johnson/Dash)
grün	Vivaldi, Concerto for 4 Vilins
blau	Moldau, von Bedrich Smetana
indigo	Chattanooga Choo Choo (Warren/Gordon)
violett	Titelmelodie von „Dornenvögel“ (H. Mancini)

Abschlußgedanken

Jede Regenbogenfarbe ist schön. Die Harmonie und Herrlichkeit des Regenbogens besteht darin, daß verschiedene Farbausrichtungen zu einer Einheit zusammenkommen. Erst im Miteinander entfaltet sich das Farbenspiel, wird zum Regenbogen. Daher gilt der Regenbogen seit jeher als Symbol des Friedens.
Jeder von uns ist gut. Jeder Mensch hat seine Schönheit und Farbe. Und jede Farbe leuchtet auf ihre Weise und jede Farbe hat ihre Schatten. Im Miteinander der Farben wird jede Farbe aber noch viel wertvoller.

Trotzdem: Wer jetzt meint, die vorher gewählte Farbe wechseln zu müssen, kann und soll das jetzt tun.

Abschluß

- Alle sitzen oder stehen auf ihren Regenbogenfarben und singen ein Lied. Zum Beispiel: Der Himmel geht über allen auf (J)
- Alle nehmen jeweils gemeinsam mit den anderen ihren Regenbogenstreifen zur Hand, heben diese über den Kopf und gehen so bei froher Musik durch den Raum. Anschließend haben alle die Möglichkeit, die Farben des Regenbogens wieder in der richtigen Reihenfolge zusammenzusetzen.
- Wir gehen zurück und stehen um den Regenbogen. Wir waren und sind ihm nahe. Er wird nicht aus unseren Gedanken entschwinden, auch wenn wir uns jetzt von ihm lösen. Wir kommen zurück zu uns, wir kommen zurück aus der Reise zum Regenbogen.

Ausgeglichenheit

Die Mitte suchen

Ausrichtung:	Mitmach-Meditation
Einsatz:	Besinnungstage, Selbsterfahrungsgruppe
Zugang:	In zugespitzten Situationen entdecken wir in uns die Unausgewogenheiten und die Neigung, die Nerven zu verlieren. Nach Ruhe und der Mitte müssen wir immer wieder suchen, um einigermaßen im Gleichgewicht zu bleiben.

1. Mein Gleichgewicht

Ich stelle mich so, daß ich genügend Platz um mich herum habe. Ich stehe gut auf dem Boden, wie angewurzelt, wie ein Baum. Ich schließe die Augen, um ganz bei mir sein zu können.
Ich atme tief und gleichmäßig und spüre meinen Körper. Ich stehe fest mit beiden Füßen auf dem Boden.
Ich wanke etwas hin und her und spüre so mein Gleichgewicht. Ich pendle mich ein und werde mir bewußt, daß ich im aufrechten Stehen meine gute Mitte habe.
Ich beuge mich nach vorne, soweit es mir möglich ist. Ich versuche das, ohne mit einem Fuß einen Schritt zu machen. Einfach ausprobieren, die Grenzen des eigenen Standpunktes erkunden.
Jetzt probiere ich das nach hinten; und dann suche ich wieder meine Mitte.
Ich ruhe in dieser Mitte aus und spüre meine Standfestigkeit.

2. Meine innere Mitte

Dazu setze ich mich wieder. Wer mag, kann sich auch auf den Boden legen.

Ich vergesse alles um mich herum, ich versuche, ganz bei mir zu sein. Das geschieht am besten, wenn ich die Augen schließe.

Wo ist meine Mitte? Wie erfahre ich selbst meine Mitte, wenn es turbulent wird? Wenn ich aus dem Gleis geworfen werde? Wenn ich krank bin? Etwas danebenläuft oder wenn ich etwas Wichtiges aufgeben muß?

Ich suche mir etwas Wichtiges und stelle mir vor, daß ich das verlieren könnte. Das kann bei jedem Menschen etwas anderes sein. Zum Beispiel: von heute auf morgen verläßt mich meine beste Freundin/bester Freund bzw. PartnerIn; oder ich verliere meinen Arbeitsplatz, meine Heimat; oder ich erfahre, daß ich unheilbar krank bin...

Was geschieht bei mir, wenn das geschieht? Wer mag, kann seine Gedanken auf Zettel schreiben, die hier bereitliegen.

5 Minuten Pause

Wir treffen uns im Kreis. Von der Leitung bzw. SprecherIn aus gesehen, wird ein breites Stoffband quer in den Kreis gelegt. Wer mag, kann seinen Zettel auf diesen Querbalken legen. Und wer sich getraut, kann auch von seinen Entdeckungen erzählen.

3. Eine Mitte entsteht

Zunächst achten wir darauf, daß wir alle im Kreis sitzen.
Wir schauen uns im Kreis herum und lassen diesen „Ring" auf uns wirken: Abgeschirmt nach draußen – jede Person ist Teil des Kreises – allein könnte niemand einen Kreis bilden – jeder Kreis bringt eine Mitte mit sich – die Mitte ist leer.

Wer oder was könnte in der Mitte sein?
Diese Frage stellen wir in den Raum und bitten um Ideen und Meinungen.

- Die Leere in der Mitte: schafft sie Freiraum oder gehört sie gefüllt mit dem, was zur Mitte gehört?
- was wäre, wenn sich eine Person in die Mitte setzen würde?
- welche Gegenstände bzw. Symbole könnten oder sollten in der Mitte sein?

Aus Matthäus 18, 19–20

Alles, was zwei von euch auf Erden gemeinsam erbitten, werden sie vom himmlischen Vater erhalten. Denn wo zwei oder drei in meinem Namen versammelt sind, da bin ich mitten unter ihnen.

Mitten unter uns ist Jesus, wenn wir uns in seinem Namen versammeln! Wo ist die Mitte? Wo könnnte Jesus sein?
Die einen werden sagen, sein Geist ist in dieser Runde.
Andere würden lieber einen Platz ausmachen, wo er sitzen könnte: Zum Beispiel einfach eingereiht in unseren Kreis. Weil unser Kreis keinen Anfang und kein Ende hat, wäre das für Jesus schon ein guter Platz!

Es gibt noch eine Erfahrung der Mitte. Eine Mitte entsteht, wenn wir jetzt ein zweites Band in der Senkrechten auf den Boden legen.

Das Kreuz hat eine Mitte. Der senkrechte Balken trägt alles Schwere und alles, was eine Mitte sucht.
Nur wenn beide Kreuzesbalken sich begegnen, entsteht eine Mitte. In dieser Mitte liegt die Verankerung der beiden Balken. Nur wer die Mitte sucht, erfährt Halt und Ruhe.

4. Sammeln und beten

Immer wieder suche ich meine Mitte Herr. Es gefällt mir wohl immer wieder, wenn ich aus meiner Mitte heraus gehe und Ausschau halte nach dem ganz Anderen oder das Neue suche. Manchmal vergesse ich mich auch oder flippe ganz aus. Doch dann sehne ich mich wieder nach einer Mitte, nach Ruhe und sicherem Halt. Bringe mich immer mehr in die Mitte von dem, was mir Erfüllung und Heimat bringt. Aus einer solchen Mitte heraus traue ich mich in die Turbulenzen des Lebens, kann viel aushalten und viel geben; kann Mittel und Wege finden für Leben in Fülle und deiner Nähe.

Wer andere erkennt, ist gelehrt.
Wer sich selbst erkennt, ist weise.
Wer andere besiegt, hat Muskelkräfte.
Wer sich selbst besiegt, ist stark.
Wer zufrieden ist, ist reich.
Wer seine Mitte nicht verliert, der dauert.

Laotse

Jesus, unsere Mitte

Ich gestehe, daß ich das nicht schaffen würde:
Mit den Reichen essen und mit dem Habenichtsen teilen.
Zu den Infizierten gehen und zu jenen, die diese Menschen wegschicken.
Zu den Frauen nach Bethanien gehen und meine Mutter wegschikken.
Die Geistlichen beschimpfen und mit ihnen essen.
Du Jesus hast dich nicht aus dem Gleichgewicht bringen lassen, wenn es um die wahre Liebe und die ganze Wahrheit ging.
Darum bist du für uns die Mitte und der Weg, der zum Reich deines Vaters führt.

Vertrauen

Ich glaube dir

Ausrichtung:	Gestalt-Meditation
Einsatz:	Firm-und Konfirmationsgruppen, Einkehrtage
Zugang:	Ohne Vertrauen läuft nichts auf der Welt. Trotz aller Enttäuschungen und Vorsicht ist der Mensch auf Versprechungen angewiesen, muß auf die Sicherheit der Autoreifen zu vertrauen und schließlich auch sich selbst zuzutrauen, etwas zu vollbringen. Vertrauen und Mißtrauen sind allerdings tägliche Begleiter. Wem und worauf kann ich vertrauen? Glaube ich an mich selbst? An das Gute in dieser Welt? An Gott?

Wir üben das Vertrauen

Wer sich auf „glauben" und „vertrauen" einlassen will, wer sich darin üben will, ist herzlich eingeladen, jetzt mitzumachen.

Das erste Wort heißt „trauen". Ich getraue mir etwas zu; ich traue mich, etwas anzupacken. Das hat alles natürlich auch etwas mit Wagnis zu tun. Eine absolute Sicherheit gibt es nicht. Umsonst heißt dieses „trauen" nicht in der Umgangssprache auch „etwas wagen" und auch „sich ehelich verbinden".
Ich vertraue jetzt einmal darauf, daß sich zwei Leute finden, die sich trauen, vor uns etwas auszuprobieren. Wer mag und getraut sich das? (stellt euch dazu jetzt in die Mitte!)

Die zweite Sache habe ich mit dem Wort „zutrauen" umschrieben. Jede der beiden Personen muß sich jetzt zutrauen, den jeweils anderen kräftig wegzuschieben. Dazu müßt ihr euch gegenüber aufstellen und beide Handflächen aneinanderlegen. Jetzt schiebt euch einmal gegenseitig von euch!
Ihr habt schon gesehen, es gibt jene, die mehr Kraft und Willen

haben und andere, die das nicht so haben. Für die Letzteren stellt sich hier im Spiel ebenso wie im konkreten Leben die Frage, ob sie dem anderen „vertrauen“ können; ob beispielsweise die stärkere Person auch vertrauensvoll und so mit dem anderen umgeht, das man nicht auf der Verliererseite steht.
Zeigt uns einmal einen guten Umgang und eine gute Vertrauenssache und schiebt mit den Händen so, daß ein Gefühl des Vertrauens entsteht!
Anderen mehr zutrauen als mir selbst, das ist Vertrauen!

Das nächste Wort heißt „mißtrauen“. Ich möchte euch beide bitten, uns das einmal hier im Spiel zu zeigen. Zum Beispiel kann jemand fest anschieben und dann abrupt sich zurückziehen; den anderen sozusagen auflaufen bzw. fallen lassen.
Es gibt viel Mißtrauen auf der Welt. Dieses Mißtrauen ist nicht angeboren, es wurde erfahren und erlebt. Es gibt Menschen, die sich ganz schwer tun, anderen zu vertrauen; sie haben zuviele Enttäuschungen einstecken müssen.

Eine letzte Übung. Das Stichwort dazu heißt „anvertrauen“. Dazu wäre es wichtig, daß eine Person von euch beiden die Augen schließt und sich ganz der anderen anvertraut. Anvertrauen heißt: eine wichtige Sache dem anderen im guten Vertrauen überlassen. Probiert das einmal beim gegenseitigen Schieben!

Danke dafür, daß ihr euch getraut habt, vor uns eine ganz wichtige Sache des Lebens einzubringen.
Jetzt sind alle eingeladen, sich zu trauen: Sucht euch dazu jemanden und übt all das, was vorher gezeigt wurde!

Vertrauen ist besser

Alle sind nun eingeladen, in diesem Kreis Zeugnis abzulegen von erlebten Vertrauen und vom Mißbrauch dieses Vertrauens.
(einige Zeugnisse können oder sollen vorbereitet sein, um die Erfahrungskiste anzukurbeln; oder für den Fall, daß aus dem Teilnehmerkreis keine oder nur wenige kommen)

Beispiele:

Der Onkel hatte seinem Neffen 10 Mark für die Besorgungen versprochen. Als er abreiste, vergaß er das in der Eile. Aber anderntags kam ein Kuvert mit einem Geldschein an.

Die Eltern sagten, daß sie abends den Keller aufräumen wollen. Als die Kinder aber im Bett waren, schlichen sich die Eltern aus dem Haus.

„Papi, fang mich" rief der zweijährige Junge und sprang sogleich von der Burgmauer auf die noch nicht geöffneten Arme seines Vaters zu.

Meine Freundin tröstete mich, als ich ihr die Not mit meinem Freund anvertraute. Doch dann erfuhr ich, daß sie sich hintenrum über mich lustig gemacht hat.

Schon zweimal hat er mich versetzt. Für heute abend haben wir wieder einen Treffpunkt vereinbart. Ich werde hingehen!

Ich glaube dir

Eine 60-Sekunden-Predigt

Lang und breit versuchte Jesus den Emmausjüngern das zu erklären, was gelaufen ist. Und sie kapierten nichts. Erst beim Tun, beim Brotbrechen kam der Glaube und die Begeisterung.
Es war schon immer so, daß nicht mit Argumenten etwas glaubhaft gemacht werdem konnte, sondern nur mit persönlichen Erfahrungen und durch ein glaubwürdiges Leben eines Christen. Clemens von Alexandrien wurde einmal gefragt, was er tut, wenn er einen Menschen zum christlichen Glauben hinführen will. Er antwortete: „Ich lasse ihn ein Jahr in meinem Hause wohnen."
Glauben und Vertrauen sind fast dasselbe. Ich kann ebenso sagen „Ich traue dir!" und „Ich glaube dir!" Wenn jemand sagt, daß er an Gott glaube, dann hat dies keinen Erfahrungswert für einen anderen. Wenn jemand jedoch von seinen Erfahrungen mit Gott erzählt, den Glauben vorlebt und mit Gott und den Menschen Versöhung sucht, dann ist er vertrauenswürdig, dann ist er glaubhaft, dann lebt Glaube.

Vertraut euch!

Wir probieren das Vertrauen. Wir trauen dem anderen etwas zu und wir glauben, nicht enttäuscht zu werden.
Wer mag, sucht sich jemanden und tauscht mit dieser Person eine wichtige persönliche Sache wie z. B. die Uhr, eine Münze, ein Kettchen…
Vereinbart auch den Zeitpunkt der Rückgabe! Sprecht darüber, welches Vertrauen ihr setzt!

Gelten lassen

Der Erste soll der Letzte sein

Ausrichtung:	Wortgottesdienst im kleineren Kreis
Einsatz:	Gruppengottesdienst, Schulanfangsgottesdienst Verantwortlichentreffen
Zugang:	In jeder Gemeinschaft und in jeder Gruppe gibt es zurückgezogenere und aktivere Teilnehmer; es gibt jene, die sich besonders hervortun oder gar sich besser vorkommen. Auch in der Zwölfergruppe um Jesus war das so. Die Leitungskonzeption Jesu aber verblüfft uns.

Hinführung

Ausgemacht war eine Aktion für den Bau eines Fahrradweges zur Freizeitanlage der Stadt. Alle in der Gruppe dachten und redeten mit. Es wurden Schritte zur Verwirklichung erstellt. Um die ganze Sache anzukurbeln, wurde eine Straßenaktion geplant. Dazu mußte einiges vorbereitet und organisiert werden. Alle waren aktiv und konstruktiv dabei. Ludger und Tom redeten auch fest mit, überließen aber die Arbeit den anderen. Dafür machten sie sich stark für die Kontaktaufnahme mit dem Bürgermeister. Die Mutter von Tom ließ dazu ihre Verbindungen zur Stadtverwaltung und zur Presse spielen und so kam es, daß Ludger und Tom im Namen der Gruppe ein Interview gaben und auch mit Foto in der Presse erschienen.
Da begannen die anderen zu murren und sie sagten das auch beim nächsten Gruppentreff: Wir schuften und ihr holt euch die Lorbeeren.

Lied: Meine engen Grenzen (W)

Bereitung

Zwölf gehörten zur festen Gruppe um Jesus. Darunter waren die verschiedensten Charakteure, so wie es in heutigen Gruppen auch ist. Die Evangelisten geben einigen Einblick in diese Jesusgruppe; sie berichten von Eifersüchteleien und Wichtigtuereien, von Geldgier und Ansehen.
Wir erfahren auch, daß sich Jesus um die Leute in seiner engen Gefolgschaft kümmerte. Er forderte sie zum Ausruhen und zum Essen auf; ebenso zur Auseinandersetzung seiner Mitteilungen und zu einem guten Miteinander.
Wir hören jetzt aus Matthäus, 20. Kapitel. Wir erfahren dabei von einem gehörigen Streit in dieser Apostelgruppe.
Ich möchte euch einladen, sich ganz in die Personen der Geschichte hineinzuversetzen. Auch Jesus soll während dem Lesen der Geschichte gegenwärtig sein. Ich stelle für ihn einen Stuhl in unsere Reihe und lege auch ein Gesangsbuch dazu.
Jetzt können wir uns ganz auf den Text des Evangeliums einlassen.

Vom Herrschen und Dienen: (Mt. 20. 20–27)

Damals kam die Frau des Zebedäus mit ihren Söhnen zu Jesus und fiel vor ihm nieder, weil sie ihn um etwas bitten wollte. Er frage sie: Was willst du? Sie antwortete: Versprich, daß meine beiden Söhne in deinem Reich rechts und links neben dir sitzen dürfen. Jesus erwiderte: Ihr wißt nicht, um was ihr bittet. Könnt ihr den Kelch trinken, den ich trinken werde? Sie sagte zu ihm: Wir können es. Da antwortete er ihnen: Ihr werdet meinen Kelch trinken; doch den Platz zu meiner Rechten und zu meiner Linken habe nicht ich zu vergeben; dort werden die sitzen, für die mein Vater diese Plätze bestimmt hat.
Als die zehn anderen Jünger das hörten, wurden sie sehr ärgerlich über die beiden Brüder. Da rief Jesus sie zu sich und sagte: Ihr wißt, daß die Herrscher ihre Völker unterdrücken und die Mächtigen ihre Macht über die Menschen mißbrauchen. Bei euch soll es nicht so sein, sondern wer bei euch groß sein will, der soll euer Diener sein, und wer bei euch der Erste sein will, soll euer Sklave sein.

Evangelien-Interview

Ich möchte euch bitten, während einer kurzen Pause sich eine Rolle auszusuchen und zwar von den Personen aus dem Evangelium, das sind:

Mutter der beiden Söhne
Söhne des Zebedäus
andere Jünger
Fernstehende

(kurze Pause)

Stellt euch beliebig im Raum auf und nehmt eine Haltung ein, die auf euere Rolle schließen läßt. Verharrt aber in Schweigen.
(der Interviewer geht wiederholt auf Teilnehmer zu, fragt zunächst immer „Wer bist du?" und stellt dann noch weitere Fragen)

Mutter:
Du hast deine Söhne sehr lieb?
Du bittest für deine Söhne! Möchtest du nicht selbst auch bei Jesus zur Rechten sitzen?
Bist du enttäuscht von den Antworten Jesu?

die beiden Söhne:
Dieser Jesus ist dir wohl sehr viel wert? – Warum?
Die Mutter hat ein Wort für dich bei Jesus eingelegt. Ist dir das so recht?
Was hältst du davon, daß die anderen so ärgerlich wurden?
Jesus hat dir gewissermaßen eine Abfuhr erteilt. Wie siehst du nun deine Rolle in dieser Gruppe?

die anderen 10:
Was hältst du von den beiden, die näher bei Jesus sein wollen?
Welche Gefühle kamen bei dir hoch?
Eine Mutter hat sich in euere Gruppe eingemischt. Sag ihr deine Meinung!
Wie siehst du die Reaktionen von Jesus?

die Fernstehenden:
Kannst du das Verhalten der Mutter ein wenig verstehen?
Was hättest du als Mitglied der anderen zehn gesagt oder getan?
Für welche Personengruppe hast du das meiste Verständnis?

Alle setzen sich wieder, Pause, Nachklingen lassen.

Lied: Eines Tages kam einer (J)

Wünsche

- Ich wünsche mir für meine Gruppe, daß alle Mitglieder viel Geborgenheit und Anerkennung bekommen.
- Ich wünsche mir für meinem Arbeitsplatz weniger Buhlen nach Geltung, Vorwärtskommen und Jagd nach Geld; dafür mehr die Einsicht, daß Gott für alle sorgt.
- Ich wünsche mir eine Gesellschaft, in der die Lehrer und Mütter, die Wirtschaftsleute und die Politiker nicht dauernd danach Ausschau halten, wer wichtiger und angesehener ist und wie man vorwärtskommen kann.
- ich wünsche mir eine Kirche ohne Lehr- und Redeverbote, ohne Ausgrenzungen für Frauen, keine Titelverleihungen, keine Aufteilung in Klerus und Laien und das feine Gespür für Sonderrechte.
- Ich wünsche mir Zufriedenheit für mein Leben. Und daß ich gelten lassen kann, wenn andere die besseren Plätze einnehmen.

Dazu gebe Gott uns seine Kraft.

Gebet

Wir sprechen zu dir Jesus, der du uns Wege für ein gutes Miteinander gezeigt hast: Sprich auch heute immer dann zu uns, wenn wir zu sehr nach Leistung und Anerkennung Ausschau halten. Zeige uns Möglichkeiten zur Verwirklichung unserer Persönlichkeit ohne Ellbogen und Wichtigtuerei.
Bei dir gilt nicht Reichtum und Können, nicht Schönheit und Ansehen. Bei dir ist der groß, der anderen zum geglückten Menschsein verhelfen will und kann. Ich will es versuchen. Ich will wenigstens

manchmal dienen, manchmal mich zurücknehmen, manchmal gelten lassen, was mir nicht in den Kram paßt.
Bleibe weiterhin in unserer Mitte, auch wenn wir dir nicht immer einen Stuhl bereitstellen werden. Bleibe unsere Leuchte für ein gutes Miteinander. Amen.

Lied: Wenn das Brot, das wir teilen (T)

Brot, Wein und Wasser werden dabei verteilt.
„Teilt das Brot miteinander! Eßt und trinkt in Gemeinschaft!“

Teilen

Wenn wir das Leben teilen

Ausrichtung:	Selbsterfahrung
Einsatz:	Nikolausfeier, Frühschicht in der Fastenzeit
Zugang:	Es ist im Großen so wie im Kleinen: In der Welt gibt es genug Lebensmittel und trotzdem hungern und verhungern viele. Das Habenwollen der Menschen ist täglich zu erfahren; und nicht selten mit dem Ergebnis, das der eine dann noch mehr hat und der andere weniger oder gar nichts. Das Beispiel Jesu hat viele in die Nachfolge geführt, die uns Vorbild sein können: Nikolaus, Elisabeth von Thüringen, Franz von Assisi u.v.a.

Ankunft

Der Raum ist so vorbereitet, daß es verschieden ausgerichtete Plätze gibt: Matten, Stühle, Teppich, Hocker, Couch u. ä.

Allen Ankommenden wird in netter Weise erklärt, daß sie sich einen Platz ganz ihrer Wahl aussuchen können. Dabei kann man auch dezente Hinweise geben oder sogar Leute an den gewünschten Platz führen.

Wenn alle ihre Plätze eingenommen haben und es ganz still geworden ist, wird leise Musik dazugeschaltet.

Begrüßung

Wir begrüßen euch alle ganz herzlich und freuen uns echt, daß euch dieses Thema interessiert. Ihr habt beim Ankommen schon erfahren, daß es uns ganz wichtig war, daß jeder und jede den Platz bekommt, der auch besonders gewünscht wird. Es ist natürlich möglich, daß zum Schluß einige noch einen solchen Platz wollten, der schon vergeben war. Aber trotzdem: Wir wollten damit gemäß unserem heutigen Thema zum Ausdruck bringen, daß jeder Mensch ein Recht hat auf einen Platz, der ihm zusagt. Jeder Mensch braucht Heimat; etwas, was ihm ganz allein gehört, – wenn auch nur vorübergehend.
Teilen heißt nicht, geben und immer wieder geben. Teilen heißt, jene mitkommen lassen, die weniger haben oder gerne auch etwas wollen, was ich habe oder sogar doppelt.

Wir bitten jetzt um eine Minute Schweigen, damit wir ganz das aufnehmen können, was es heißt, selbst etwas zu haben. Meditiert eueren jetzt eingenommen Platz und was ihr sonst im Leben habt!

Es sich gut gehen lassen

Das eine haben wir schon erfahren: Wir brauchen einen Platz für uns. Wir brauchen einen Ort, der uns Heimat ist und von dem uns nicht jemand wegtreiben kann.
Damit es uns gut geht, brauchen wir auch Nahrung. Wir haben hier ein Tablett mit guten Sachen. Ich stelle das in die Mitte und ihr könnt euch bedienen.

(auf dem Tablett sind z. B.: drei Bananen, zwei Äpfel, einige süße Sachen, zweimal je einen größeren Becher mit Joghurt und dazu einige kleine Löffeln. Es soll auf jeden Fall so ausgerichtet sein, daß alle nur dann etwas bekommen, wenn man teilt; besonders trifft das auf den oder die Joghurtbecher zu, weil mehrere zu gleicher Zeit miteinander essen können)

Gespräch und Auswertung:

- wer hat was genommen, bekommen und was geteilt?
- wie ging das mit den Joghurt-Bechern?
- inwieweit sind diese hier gemachten Erfahrungen identisch mit dem, was wir im Alltag erleben?

Lied: Wenn jeder gibt, was er hat (J)

Kurzgeschichte

Zum Beispiel:

eine Geschichte aus dem Leben des Hl. Nikolaus (in einschlägigen Büchern zu finden)

Zum Beispiel:

Als in Frankreich eine große Hungersnot herrschte, traf Vinzenz von Paul (1581–1660) Die Königin von Frankreich, Anna von Österreich, auf ihrem Schloß. Die Königin war ihrem Stand gemäß gekleidet und trug eine kostbare Perlenkette. Vinzenz von Paul hatte den Mut, in aller Direktheit das Problem des herrschenden Hungers anzusprechen. Er sagte lächelnd zur Königin: „Majestät, können Sie nicht bewirken, daß diese Steine sich in Brot verwandeln?"
Und das „Brotwunder" geschah: Die Königin löste die Perlenkette von ihrem Halz und gab sie her, damit unter den Hungernden Brot verteilt werden konnte.
(nacherzählt aus alten Dokumenten)

Zum Beispiel:

Von Papst Johannes XXII. kennen wir die Aussage: „Auf unserem Tisch gab es nie Brot, nur Polenta. Und doch gab es, wenn ein Bettler sich an der Tür unserer Küche zeigte, wo die Kinder, an die zwanzig, ungeduldig auf ihren Teller Suppe warteten, immer noch einen Platz".

Zum Beispiel:

Aus Spaß rief der Discjockey einer Radiostation in Dallas seine Hörer zum Spenden auf, – einfach so, ohne den Zweck zu nennen. Es war allerdings die Zeit um den 1. April. Er hat nur gesagt, daß sie Geld schicken sollen. Die Spendenflut war enorm, das Erstaunen groß. Nach 9 000 eingegangenen Schecks forderte er die Hörerschaft auf, die Überweisungen einzustellen. Trotzdem kamen in den nächsten Tagen noch Menschen direkt zum Sender und schoben ihre Schecks unter den Türschlitz.

Brief an sich selbst

Bevor wir jetzt auseinandergehen, möchten wir noch zu einer Briefaktion aufrufen. Wer mag, kann sich jetzt selbst einen Brief schreiben. Dieser kann ganz kurz sein. Es sollte hineingeschrieben werden, was man in den nächsten Tagen teilen will: am Tisch, Zeit, einen Raum usw.

Bitte dann den Brief zukleben und die eigene Adresse daraufschreiben.

Dann sucht euch eine(n) PartnerIn und tauscht die Briefe. Alle müssen natürlich fest versprechen, daß sie die Briefe nach einer Woche weg- bzw. zuschicken.

Das kann eine Aktion werden, die mehr ist, als sich nur etwas vornehmen. Spätestens in einer Woche werden alle von uns an das erinnert, was wir uns heute vorgenommen haben.

Bücher für die Gestaltung von
Kinder-, Jugend- und Familiengottesdiensten

Herbert Kaefer
Mit Schülern den Glauben feiern
Gottesdienste für die Grundschule
160 Seiten, Paperback, ISBN 3-451-20674-9

Hans A. Höntges
Freude an Gott
Predigten, Spielszenen und Gebete für Gottesdienste mit Kindern
126 Seiten, Paperback, ISBN 3-451-22390-2

Kerstin Kuppig
Basteln im Religionsunterricht
Werkstattbuch für Kindergarten – Grundschule – Gemeindearbeit
160 Seiten, Paperback, ISBN 3-451-23057-6

Matthias Schnegg
Spielen im Haus des Herrn
Neue Modelle für Gottesdienste mit Kindern
176 Seiten, Paperback, ISBN 3-451-22426-7

Christa Straub/ Helena Rimmele
Zwischen 18 und 30
Ein Werkstattbuch für die Arbeit mit jungen Erwachsenen
192 Seiten, Paperback, ISBN 3-451-23056-9

Elmar Gruber
Neue Bußgottesdienste für das Kirchenjahr
144 Seiten, Paperback, ISBN 3-451-23494-7

Verlag Herder Freiburg · Basel · Wien